맥루한이 들려주는

미디어 이야기

맥루한이 들려주는

미디어 이야기

ⓒ 강용수, 2007

초판 1쇄 발행일 2007년 10월 15일
초판 18쇄 발행일 2020년 10월 7일

지은이   강용수
그림   김정진
펴낸이   정은영

출판등록   2001년 11월 28일 제2001-000259호
주소   04047 서울시 마포구 양화로6길 49
전화   편집부 (02)324-2347 경영지원부 (02)325-6047
팩스   편집부 (02)324-2348 경영지원부 (02)2648-1311
e-mail   jamoteen@jamobook.com

ISBN 978-89-544-1976-5 (64100)

맥루한이 들려주는
미디어 이야기

강용수 지음

|주|자음과모음

책머리에

하루에 텔레비전을 얼마나 보나요? 혹시 휴대전화에 중독되어 있지 않나요? 그래서 부모님한테 꾸중 들은 적이 있죠. 요즈음 길을 가다 보면 어디서나 이어폰을 귀에 꼽고 MP3를 듣는 사람들을 볼 수 있습니다. 언제부터 우리는 과학 문명의 혜택을 누리게 되었을까요? 캐나다 출신의 유명한 문화 비평가 마셜 맥루한(Herbert Marshall Mcluhan)은 이미 30년 전에 이런 미래를 예언했답니다. 맥루한은 미디어가 어떻게 생겨났으며, 우리의 생활과 감각을 얼마나 바꾸었는지에 대해 새롭게 설명합니다.

인류 역사에서 동굴 안에 모여 몸짓 발짓으로 이야기를 나누던 고대의 사람들에게 문자가 발명되고 인쇄술이 발전하여 책이 보급되면서 큰 변화가 생깁니다. 혼자 책을 읽는 것이 생활의 중심이 되면서 개인주의가 생겨났습니다. 그 후 전기, 전자 기술이 발달하면서 사람들은 책보다는 텔레비전, 라디오, 컴퓨터, 휴대전화가 생활화되는 시대를 맞이합니다.

맥루한은 과학 기술의 잠재력을 파악하고 현대의 전자 기술이 세계를 하나의 '지구촌'으로 만들 것이라고 예언했습니다.

옛날에는 말과 편지로 의사소통을 했다면, 현대 사회에서는 휴대전화 문자나 E-mail로 마음으로 전합니다. 이렇게 문자 중심의 인쇄시대에서 벗어난 인터넷 시대에는 하이퍼텍스트로 글을 읽고 씁니다. 더 이상 책이 없어도 되는 세상이 되었지요.

그러나 맥루한은 미디어를 지나치게 낙관적으로 보았으며 과학기술이 인간의 운명을 결정한다고 주장해 논란이 되기도 했습니다. 그는 특히 텔레비전을 굉장히 긍정적인 것으로 여겨, 눈으로 보지 말고 온몸으로 느끼고 받아들여야 한다고 말합니다. 충격적인 발언입니다. 텔레비전은 상상력과 사고력의 발달을 저해하는 것으로 잘 알려져 있는데, 왜 맥루한은 텔레비전이 좋다고 생각했을까요? 자, 이제 이 책을 읽으면서 알아봅시다.

2007년 10월
강용수

C O N T E N T S

프롤로그

"엄마, 오늘 해완이 생일이라서 선물을 사야 하는데⋯⋯."

왜 이렇게 목소리가 작아지는 걸까요? 괜히 팔다리가 찌릿찌릿한 것 같습니다. 하긴, 이런저런 핑계를 댄다 해도 지금 거짓말을 하고 있으니 당연한 일이겠지요. 사실 오늘은 해완이 생일이 아니거든요. 그냥 사실 대로 말할 수도 있는데 나는 왜 거짓말을 하고 있는 걸까요?

"오오, 그래? 해완이가 너보다 생일이 빠르구나. 당연히 축하해 줘야지. 오늘이 우리 아들 용돈 받는 날인데 고 녀석이 용케도 알고 딱 맞춰 태어났네, 하하하."

"죄송해요. 오늘은 집안일을 꼭 도와드리려고 했는데⋯⋯."

"괜찮아, 엄마가 우리 아들 예쁜 마음만 고이 받을게. 아빠 들어오시면 같이 하지 뭐. 재미있게 놀다 와."

"네, 엄마⋯⋯."

오늘은 엄마에게 점수를 좀 따 보려고 아침부터 호들갑을 떨었습니다.

일주일 내내 일하시다가 모처럼 쉬는 날이라 집안 대청소를 하자고 하셨거든요. 아침 일찍 일어나서 열심히 도와드릴 거라고 호언장담을 했는데 일이 꼬여 버리고 말았습니다. 모처럼 착한 마음을 먹었는데, 이런 걸 머피의 법칙이라고 하나요?

오늘도 깜빡 잊고, 깜빡 두고 다니는 깜빡깜빡증이 문제였습니다. 아침까지 깜빡 잊고 있던 여자 친구 은영이의 생일이 청소 도구를 꺼내면서 생각났습니다. 번뜩 생각이 떠오른 후부터는 엄마께 죄송한 마음보다 은영이 생일을 그냥 지나쳤으면 어쩔 뻔했나 싶은 마음에 가슴이 콩닥콩닥했습니다.

"자, 이번 달 용돈. 그리고 이건 우리 우현이가 엄마 생각해 준 것이 고마워서 보너스로 주는 거야. 해완이에게 엄마가 생일 축하한다고 꼭 전해 주렴."

우아, 이게 웬 횡재? 나는 생각지도 않았던 용돈을 덤으로 받게 되어 신이 났습니다. 그새 대청소를 도와드리지 못하는 것, 해완이 생일이라고 거짓말을 한 것은 싹 잊어버리고 말았지요. 어쨌든 이번 생일에는 우리 예쁜 은영이가 갖고 싶어 했던 무선 헤드폰을 사 줄 수 있게 되었습니다. 돈이 조금 모자라서 다른 선물을 해야 하나 하고 고민했었는데 말입니다.

"우아, 엄마 정말 정말 고맙습니다. 사랑해요 엄마! 우리 엄마 최고!"

미디어와
우리 생활의 변화

 나는 설명하지 않는다. 탐구할 뿐이다.

−마셜 맥루한

1 다 전하지 못한 마음

왠지 마음 한구석이 불편합니다. 왜 그럴까요? 거짓말을 해서 그런가? 아니면 내가 또 깜빡 잊어버린 것이 있나? 아마 여자 친구의 생일을 잊고 있다가 뒤늦게 생각난 것이 마음에 걸려 그렇겠지요? 잘한 일은 아니지만 은영이에게는 티 하나 내지 않고 완벽하게 거짓말을 해 두었습니다. 내가 깜짝 놀랄 만한 걸 준비했으니 조금만 기다리라고요. 내가 생각해도 참으로 완벽한 목소리 연기였습니다. 그런데 이러다가 피노키오처럼 코가 길어지면 어떡

하지요?

　나는 신경을 쓰지 않으려고 했지만 괜히 뭔가 찜찜하다는 생각을 하면서 버스 정류장까지 갔습니다. 때마침 버스가 모퉁이를 돌아 오고 있는 것이 보였습니다. 나는 버스에 얼른 올라탄 후 은영이에게 문자 메시지를 보내야겠다고 생각했습니다.

```
앗! 큰일났다.
네가 너무 보고 싶어.
ㅎㅎㅎ
나 지금 출발해.

o/o △:49pm
멋진 우현이
123-4567-8910
```

이렇게 말입니다.

　그런데…… 아뿔싸! 가방 안을 샅샅이 뒤지고 외투 주머니를 툴툴 털어 봐도 휴대전화가 없는 겁니다. 집에 두고 나왔나 봐요. 나는 그냥 갈까, 아니면 다시 집에 갔다 올까 한참을 망설였습니다.

　음…… 아까의 그 찜찜함도 휴대전화 때문이었나 봅니다.

나는 결국 집으로 다시 돌아가서 휴대전화를 가지고 나왔습니다. 시간과 장소를 정확하게 정해 약속을 해도 도중에 약속 시간이나 장소가 바뀌지 않을까 내심 불안하거든요. 편리함을 위해 산 휴대전화가 도리어 마음을 불편하게 만들 때가 종종 있습니다.

　책에서 흔히 나오듯이, 과학 기술의 발달로 전기, 컴퓨터, 인터넷, 휴대전화에 이르기까지 수많은 발명품이 탄생했습니다. 이 발명품들 덕분에 우리는 엄청난 양의 정보를 얻게 되었고, 편리한 생활을 누릴 수 있게 됐지요.

　뭐니 뭐니 해도 가장 멋진 발명품은 당연히 휴대전화입니다. 조그마한 기계일 뿐인데, 우리의 마음을 편안하게도 하고 불안하게도 하는 놀라운 힘이 있으니까요. 휴대전화로 전화를 하고 음악을 듣고 텔레비전까지 볼 수 있으니, 휴대전화가 없었다면 우리의 생활이 어떠했을지 이제는 상상조차 할 수가 없습니다.

　나는 나의 분신인 휴대전화를 손에 꼭 쥐고 전자상가로 향했습니다. 은영이가 갖고 싶어 했던 무선 헤드폰을 사려고요. 요즘에는 무선 전화기, 무선 청소기, 무선 마이크 등 전기선이 없는 제품들이 많지만 무선 헤드폰은 본 적이 없었습니다. 가끔 헤드폰을 끼고 음악을 듣다 보면 선이 꼬여서 불편했는데 무선 헤드폰을 착용하면 편리하고 멋있을 것 같습니다. 나는 엄마한테 보너스까지 받은 김에 성능이 좋고 가벼운 것으로 골랐습니다. 은영이가 얼마나 기뻐할지 생각만 해도 기분이 좋습니다. 은영이와 함께 빨리 포장을 뜯어 보고 싶은 생각에 얼른 약속 장소로 발길을 돌렸습니다.

"어, 일찍 왔네."

"응, 휴대전화를 두고 나오는 바람에 뛰어다녔더니 오히려 시간이 남았어. 근데, 뭘 그렇게 열심히 해?"

"음악 게임인데, 나오는 음악의 박자에 맞춰 버튼을 누르면 돼. 참, 저번에 보여 줬었잖아. 네가 1절 마치기도 전에 게임이 끝난다고 하도 놀려서 열심히 연습했지. 이제는 제법 어려운 노래도 끝까지 간다니까."

"그럼 이따 대결 한판 할까? 얼마나 잘하는지 보자고. 우선 여기 선물부터 풀어 봐."

나는 은영이 앞으로 선물 상자를 내밀었습니다. 아~ 이럴 때 꽃이라도 한 송이 준비할 걸 그랬네요. 어찌 됐든 은영이는 매우 기뻐하는 눈치였습니다. 이게 뭘까 궁금하다는 얼굴로 상자를 이리저리 살펴보더니 포장지를 뜯기 시작했습니다. 3초, 2초……, 1초! 드디어 무선 헤드폰이 모습을 드러냈습니다.

"와! 이거 무선 헤드폰이잖아? 나 이거 엄청 갖고 싶었는데……
고마워."

그럼, 그럼, 당연히 고마워야지. 뭐, 예상했던 대답입니다. 은영
이의 눈에 그렁그렁 눈물이 맺히는 것 같기도 했습니다. 그렇게
감동할 것까지는 없는데…… 괜히 뿌듯해졌습니다.

"뭘, 이런 걸 가지고…… 더 좋은 선물 못해 줘서 미안해. 생일
축하하고. 우리 엄마도 생일 축하한다고 전해 달라셨어."

이제는 거짓말을 해도 뭐, 별로 떨리지도 않습니다. 엄마가 축하
한 사람은 해완이인데 은영이에게 말을 전하고 말았습니다.

"너희 엄마께서? 너 나랑 사귄다고 말씀드렸어? 나는 아직 말
씀 못 드렸는데…… 미안해. 괜히 공부 안 한다고 걱정하실까 봐.
너희 엄마께는 감사하다고 꼭 전해 드려 줘."

이것 참! 엄마의 축하 인사는 뺐어야 하는 건데…….

"근데, 우현아! 카드는 어디 있어?"

"무슨 카드?"

"생일 카드 말이야. 생일 선물의 핵심은 카드잖아. 밤새 고민하
면서 쓴 편지 같은 거 없어?"

"야, 촌스럽게…… 만나서 생일 축하해 주면 됐지, 무슨 카드를

써. 요즘 손으로 카드 쓰는 사람이 어딨냐?"

"……."

"왜 이 행복한 날 삐치고 그래. 정 그러면 내가 영상 메일 보내 줄까? 아니면 미니 홈피 방명록에 글도 남겨 놓을게."

나는 내가 무엇을 잘못했는지 잘 모르겠습니다. 매일 문자 메시지를 주고받고 전화 통화를 하는데 굳이 카드까지 쓸 필요가 있을까요? 별것도 아닌 일인데 은영이는 얼굴을 붉힙니다. 정말 화가 많이 난 것 같습니다. 조금 전의 밝은 표정은 온데간데없습니다.

"됐어! 너는 같은 언어라도 말로 듣는 것, 문자 메시지로 보는 것, 편지나 카드로 읽는 것이 다 다르다는 걸 모르는구나. 이런 선물은 가게에 가서 돈 주고 사면 그만이잖아. 난 이런 선물 필요 없어. 마음을 받고 싶은 거지 물건을 받고 싶은 게 아니야."

"어차피 편지나 카드를 받아 봐야 한두 번 읽고 버리거나 서랍 구석에 넣어 둘 텐데 뭘…… 생일인데 별거 아닌 일로 화내지 말고 나랑 음악 게임 내기 할까?"

"됐어! 오늘 가족들이랑 저녁식사 같이 하기로 해서 금방 가야 해. 대신 부탁 하나만 들어줘."

화가 잔뜩 난 것 같았는데 뜬금없이 부탁이라니요? 설마 더 이상 만나지 말자는 부탁은 아니겠지요? 나는 은영이가 정말 좋은데…… 그런 부탁이라면 절대 들어줄 수 없습니다.

"응, 무…… 슨 부탁인데……?"

"이 선물 다음에 만날 때 다시 줘."

"어…… 어? 왜……?"

"그냥 주지 말고, 너의 마음을 담아서 줘. 네가 준 이 선물이 참 고맙고 좋기는 하지만 따뜻하지가 않아. 나는 이렇게 차가운 선물 말고 마음이 담긴 따뜻한 선물을 받고 싶어. 특히 너에게는……."

"응, 알았어."

대답을 하기는 했지만 나는 정말이지 이해가 되지 않았습니다. 누구보다도 기계 마니아인 은영이가 이렇게까지 편지나 카드에 신경 쓰는 이유가 도대체 무엇일까요? 은영이는 휴대전화, MP3, 게임기 같은 것을 엄청 좋아하고, 책도 e-book으로 보는 것이 더 편하다는 아이입니다.

언젠가 은영이가 에디슨에 대해 재미있는 이야기를 들려준 적이 있습니다.

"너 발명가 에디슨 알지? 난 에디슨이 전구만 발명한 줄 알았는데 사람의 목소리를 녹음하는 기술을 처음으로 발명했다지 뭐야. 세계 최초로 사람 목소리를 녹음해서 들려주는 행사에 사람들이 너무 많이 모여들어서 하마터면 계단이 무너질 뻔했대."

"지금은 녹음기보다 신기한 게 훨씬 더 많잖아. 아마 그 사람들에게 우리가 사용하는 물건들을 보여 준다면 너무 신기해서 기절할지도 몰라."

"난 내가 옛날에 태어나지 않아서 다행이라 생각해. 불편하고 답답해서 어떻게 살았을까? 기계가 이렇게 신기하고, 재미있고, 즐겁고, 편리한데……."

이후에도 은영이는 새로 나온 게임기를 사고 싶다고 하거나 어느 회사의 휴대전화는 어떤 점이 좋다는 등의 이야기를 하기도 했습니다. 가끔씩은 은영이가 나보다 게임기나 휴대전화를 더 좋아하는 것 같아 샘이 날 정도로요. 그런데 갑작스럽게 카드나 편지 때문에 화를 내니 그 속을 어떻게 알겠어요? 은영이에게는 e-mail이나 문자 메시지가 더 편할 텐데 말이에요. 그리고 꼭 편지나 카드를 써야만 마음이 전해지는 걸까요? 내가 어떻게 해서 마련한 선물인데…….

2 미디어로 가득한 세상

내 손에는 은영이에게 주려 했던 선물 가방이 들려 있습니다. 손가락 하나에 대롱대롱 매달려 있는 종이 가방이 참 거추장스럽게 느껴집니다. 돌아오는 발걸음이 왜 이렇게 무거운지 모르겠습니다. 나는 집으로 돌아오는 내내 괜히 애꿎은 가방만 툭툭 치면서 걸었습니다. 종이 가방을 엄마께 들키지 않으려고 조용히 문을 열고 집 안으로 들어갔습니다.

"어, 우현이 왔구나. 엄마가 물품 정리하느라고 거실에 불 켜 놓는 것도 깜빡했네. 재미있게 놀았니?"

"네? 네…… 엄마."

순간 종이 가방을 어떻게 해야 하나 싶어 내 머릿속은 매우 분주해졌습니다. 엄마께 이렇게 딱 걸릴 줄은 몰랐기 때문에 적지 않게 당황했거든요. 종이 가방에 대해 둘러댈 말이 떠오르지 않아 그냥 손에 들고 아무렇지 않은 듯 엄마를 바라보며 말을 했습니다. 가슴은 계속 두근두근 뛰고 있는데 말입니다.

"아빠는 아직 퇴근 안 하셨어요?"

"그러게, 같이 대청소하면서 운동을 좀 시켜 드리려고 했더니만 하필 오늘 야근을 해야 하신대. 그래서 엄마 혼자 대충 치웠어."

정말 이래저래 마음이 불편한 날입니다. 아침부터 거짓말에, 생일 선물은 주지도 못하고, 엄마는 혼자 청소하시게 하고…….

"그런데 손에 든 가방은 뭐니? 오늘 용돈 받았다고 뭘 샀나 보구나?"

아유, 나도 참 바보 같습니다. 그렇게 둘러대면 되는 건데 지금까지 엄청 긴장하고 있었거든요. 엄마는 오늘 저를 두 번 살리셨습니다. 저는 웃으며 말했습니다.

"네, 엄마. 무선 헤드폰이에요. 선이 없어서 음악을 들을 때 엄청

편하대요. 전부터 가지고 싶었던 거라 오늘 샀어요."

어쭈? 나는 오늘 나에게 여러 번 놀랍니다. 어떻게 눈도 하나 깜짝하지 않고 거짓말을 할 수 있는지 말입니다. 나중에 탤런트를 해 볼까 심각하게 고려해 봐야겠습니다. 이 내추럴한 연기력!

"그렇겠구나. 요즘은 정말 신기하고 편리한 게 참 많지. 엄마는 휴대전화가 처음 나왔을 때가 가장 신기했던 거 같다. 아빠가 어느 날 선물이라고 주셨는데 너무 신기해서 한 시간이 넘도록 쳐다보고 있었단다. 그러고 보면 미디어는 참 빠르게 발전하는 것 같구나."

"미디어요?"

"응, 미디어라는 말 들어 본 적 있지?"

"네, 사회 시간에 텔레비전이나 라디오, 신문 같은 대중 매체를 가리켜 미디어라 부른다고 배웠어요."

"우리 우현이가 사회 공부를 열심히 했구나. 물론 그것도 맞는 말이지만 꼭 그렇지만은 않단다. 흔히 미디어(media, 어떤 작용을 한쪽에서 다른 쪽으로 전달하는 역할을 하는 것)는 대중에게 많은 정보와 사상을 전달하는 매체로 알려져 있지. 주로 신문 방송이나 언론에서 사용하는 말이란다. 신문, 텔레비전, 라디오, 영화 등을 예로 들 수 있어. 하지만 엄마는 맥루한의 미디어 이론이 아주 마음에 든단다."

"맥루한이 누군데요?"

"맥루한은 미디어 이론가이자 문화 비평가로 유명한 사람이야. 맥루한은 특히 미디어라는 용어를 광범위하게 사용했는데, 인간이 인위적으로 만들어 낸 모든 것을 미디어라고 불렀단다."

미디어 하면 텔레비전이나 라디오, 신문 정도밖에 생각나지 않는데 인위적으로 만들어 낸 모든 것이 미디어라니 언뜻 이해가 되지 않습니다.

"그럼 원래의 자연에는 없었던 것을 찾으면 되겠네요?"

"그렇지. 예를 들어 나무가 산에 있으면 자연이지만 나무를 가공해 종이를 만들고 가구를 만들었다면, 그 종이와 가구는 미디어가 되는 거지. 맥루한에 따르면 미디어에는 텔레비전이나 라디오뿐만 아니라 옷, 집, 자동차, 무기, 숫자나 돈까지 모두 포함된단다. 심지어는 철학이나 과학 사상, 질병 치료법, 시와 회화 등도 미디어라 정의했단다."

"그럼 이 세상에 미디어가 아닌 것이 없겠네요?"

"그런 셈이지. 맥루한은 과학 기술이 발전하면 할수록 미디어도 발달하고, 미디어가 발달하면 그 영향으로 인간의 생활도 변한다

MEDIA

고 했어. 자, 그러면 엄마도 미디어를 이용하여 저녁 식탁을 차려
볼까? 조금만 기다려."

 곰곰이 생각해 보니 우리의 식탁은 항상 가스레인지, 전자레인
지, 오븐 같은 미디어를 통해 차려졌네요. 그릇도 미디어고, 숟가
락, 젓가락도 미디어니까 우리 주변에서 미디어가 아닌 것을 찾는
게 더 어려울 것 같습니다.

 오늘 저녁 밥상에는 내가 좋아하는 생선 구이가 있었습니다.

 "맛있겠다. 잠깐 사이에 생선을 구우셨네요."

 "옛날에는 생선이 흔하지도 않았지만 생선을 구우면 연기 때문
에 눈만 맵고 생선 겉면은 다 타 버리기 일쑤였단다. 하지만 요즘
에는 냉장고에 생선을 보관해 두었다가 오븐에서 금방 구워 낼 수
있게 됐어."

 "맞아요, 옛날에는 교통이 발달하지 않아서 산간 지역에서는 생
선 구경하기가 어려웠대요. 또 냉장고가 없어 석빙고를 만들어서
사용했고요. 석빙고는 돌로 만든 창고 같은 거라서 겨울에 얼음을
넣어 두었다가 여름에 꺼내 쓸 수 있었대요."

"그런데 지금은 집집마다 냉장고가 있지만 옛날에는 석빙고가 집집마다 있진 않았단다. 주로 왕실에서 만들어 쓰거나 높은 벼슬을 얻은 양반들만 가지고 있었지. 그나마 석빙고를 지을 수 없었던 관리들은 나라에서 나누어 주는 얼음만으로도 기뻐했고, 나라에서는 얼음을 나누어 주는 일을 중요한 국가 행사로 여기기까지 했다는구나."

"에이, 마무리 냉장고가 없었다고 해도 그렇지, 얼음을 나누어 주는 일을 중요한 국가 행사로 여긴다는 건 이상해요."

"하하하, 지금이야 누구나 냉장고가 있으니까 언제든지 원하는 음식을 먹을 수 있는 거지. 옛날에는 얼음을 넣은 시원한 아이스 티 같은 것은 상상조차 할 수 없었단다. 우리의 생활이 이렇게 편리해진 것은 미디어가 점점 발달한 덕분이야."

오늘따라 매일 보던 우리 집 부엌이 새롭게 느껴졌습니다. 늘 사용해 오던 많은 것들이 미디어라는 사실을 알게 되었으니까요. 더구나 그 미디어가 조금씩 조금씩 변해 가고 있다니…… 미래에는 과연 어떤 미디어를 사용하게 될까요?

3 나는 휴대전화 중독?

저녁을 먹고 나서 설거지를 했습니다. 오늘 하루 동안 지은 죄를 설거지로나마 만회하기 위해서였지요. 그래서 다른 때보다 더욱 열심히 문지르고 헹궜습니다. 나의 잘못도 비누 거품과 함께 씻겨 내려가기를 바라면서 말이에요.

"엄마, 저 이제 들어가서 공부할게요. 인터넷으로 미디어에 대해서도 찾아봐야겠어요."

"그래, 그럼 얼른 찾아보고 일찍 자. 엄마는 책 좀 더 읽다가 자야겠다."

"안녕히 주무세요."

"그래, 너도 잘 자렴."

아직 8시밖에 안 됐는데 엄마의 얼굴은 많이 지쳐 보입니다. 나도 꽤 피곤하긴 하지만 궁금한 건 영 못 참거든요. 컴퓨터의 전원 버튼을 누르고 의자 등받이에 기대어 앉았습니다. 맥루한, 미디어, 이런 단어들을 떠올리다 보니 문득 은영이 생각이 났습니다. 기왕 미디어가 우리 생활을 편리하게 해 줄 거라면 거짓말을 대신해 주는 미디어, 여자 친구를 달래 주는 미디어 같은 것도 있으면 얼마나 좋을까요?

아 참! 은영이…… 그렇게 헤어져 돌아와서는 문자 메시지도 하나 보내지 못했습니다. 집에 들어오자마자 엄마와 얘기를 나누다 보니 그렇게 된 것이지요.

오늘 일을 계기로 다음부턴 다시는, 절대로 거짓말을 하지 않겠다고 다짐했습니다. 가끔 착한 거짓말 한 가지쯤이면 몰라도요.

은영이에게 문자 메시지를 보냈습니다. 답장 메시지를 기다리는 동안 나는 인터넷 인기 검색어를 찾아보았습니다. 그러나 모니터 화면보다는 자꾸 휴대전화 쪽을 쳐다보게 됩니다. 그러다가 '휴

대전화 중독 자가 진단 테스트'라는 검색어가 눈에 띄었습니다.

"이거나 한번 해 볼까?"

휴대전화 중독 자가 진단 테스트

1. 휴대전화를 가지고 있지 않으면 불안하다
2. 집전화보다 휴대전화를 더 많이 사용한다
3. 휴대전화비가 많이 나와서 사용을 자제한 경험이 있다
4. 수업 시간에도 휴대전화를 끄지 못한다
5. 배터리가 없다는 표시를 보면 불안하다
6. 수업 중인데도 답장을 보낸다
7. 외우는 전화번호가 거의 없다
8. 심심하면 전화가 걸고 싶어진다
9. 문자 메시지나 전화가 왔었는지 수시로 확인한다
10. 휴대전화 화면이나 통화 연결음에 신경을 많이 쓴다

▶ 1개 – 중독되지 않았습니다

▶ 2개~3개 – 조금씩 중독 증상이 나타나기 시작하는군요

▶ 4개 – 휴대전화 중독입니다

▶ 5개 이상 – 중독 말기 증상입니다. 자제력이 필요합니다.

나는 테스트 항목을 읽고 나에게 해당되는 것을 골라 세어 보았습니다. 열 개의 항목 중에 무려 일곱 개나 해당되었습니다. 휴대전화가 없을 때 매우 불안하고, 휴대전화 벨이 울린 것으로 착각하는 환청 현상을 느끼는 등 나는 심각한 휴대전화 중독인 것 같았습니다. 휴대전화는 하나의 미디어일 뿐인데 나는 이 작은 기계에 너무 의지하는 것 같습니다. 친구가 없는 것도 아닌데 말입니다.

어쩌면 은영이는 이런 나의 모습을 알고 일부러 생일 카드를 써 달라고 했는지도 모릅니다. 은영이가 생일 카드를 달라고 하지 않았다면 아마 나는 문자 메시지나 미니 홈페이지의 방명록으로 생일을 축하해 줬을 것입니다. 예전에는 편지나 카드를 손으로 직접 써서 보냈지만 요즘은 휴대전화나 컴퓨터를 이용하는 편이 훨씬 더 익숙하거든요.

이렇듯 여러 가지 매체들은 우리의 삶을 변화시킵니다. 우리의 생활이 점점 편리해졌다는 뜻이지요. 하지만 미디어가 발달해서 좋지 않은 점도 있습니다. 미디어가 발달하지 않았다면 지금보다 훨씬 깨끗한 자연 환경 속에서 가족들과 많은 대화를 나누며 살 수 있었을 거예요. 또 가장 마음에 드는 것은 종이가 없었다는 사실입니다. 종이가 없었다면 책도 없었을 것이고, 책이 없었다면 학교도 없었을 것이고, 학교가 없었다면 시험도 없었을 테니까요. 또, 오늘처럼 은영이와 다투는 일도 없었을 것입니다.

아직도 은영이한테 답장이 오지 않습니다. 정말로 화가 많이 났나 봐요. 일단은 생일 축하 카드를 어떻게 써야 할지부터 생각해 봐야 할 것 같습니다. 아~ 오늘은 왜 이렇게 찜찜한 마음으로 가득한지…… 눈꺼풀은 왜 이리 점점 무거워지는 걸까요? 이런 기분으로 잠들 수는 없는데…… 은영이에게 편지도 써야 하는데…… 써야 하는데…….

미디어란 무엇일까요?

미디어란 무엇일까요? '매체'를 뜻하는 서양어 'media'는 어원상 '둘 사이의 중간'을 의미합니다. 일반적으로 미디어는 어떤 것을 다른 곳으로 전달하는 역할을 하는 물체를 말하는 것이죠. 예를 들어 펜으로 글씨를 쓴다면 펜이 바로 손과 종이를 연결하고 매개하는 매체라고 할 수 있답니다. 휴대전화는 우리가 다른 사람과 통화할 수 있도록 중간에서 연결시켜 주는 매체입니다. 매체라고 하면 우리는 흔히 방송 매체를 떠올리죠? 그래서 텔레비전, 라디오, 신문, 영화 등 언론 매체를 생각하기 쉬운데, 언어나 그림, 사진, 건축물 외에 전화, 컴퓨터도 매체라고 할 수 있습니다. 그런데 맥루한은 매체의 범위를 훨씬 더 넓게 봤답니다. 매체에는 무기, 자동차, 비행기, 도로, 철도, 종이, 옷, 집, 시계, 자동화 기계 등 모든 유형의 인공물 및 기술, 나아가 의료술, 철학 체계, 과학 법칙, 이데올로기 등 무형의 인간 정신 산물까지 포함됩니다. 인간의 기술 손길이 닿아 만들어진 것 모두가

미디어인 셈이죠.

맥루한은 인간이 만든 미디어가 인간에게 미치는 영향에 대해서도 연구했습니다. 예를 들면 철도라는 미디어가 인간 사회에 미친 영향은 단순히 빠른 시간 내에 화물을 옮긴다는 데에 있는 게 아니라, 새로운 여가와 노동을 만들고 새로운 도시를 만들어 낸다는 데에 있습니다. 나아가 인간으로 하여금 더 많이 활동하게 하고 또 역할의 규모를 확대하기까지 합니다. 철도가 어느 지역을 통과하든, 무엇을 운반하든 관계 없습니다. 맥루한에 따르면, 기차가 실어 나르는 내용물보다 철도가 만들어지고 기차가 달리는 것 자체가 사회를 변화시키는 힘입니다.

특히 전자, 전기 기술의 발전이 우리에게 미친 영향은 대단하다고 할 수 있죠. 휴대전화를 통해 우리는 언제 어디서나 원하는 사람과 대화할 수 있고, MP3를 통해 어디서든 원하는 음악을 들을 수 있으며, 전등과 같은 조명은 밤과 낮의 구별을 없애 버렸습니다. 매체라고 하면 우린 그 자체가 어떤 내용을 포함하고 있는 거라고 생각하지만, 맥루한에 따르면 휴대전화 그 자체, MP3나 전등 그 자체가 하나의 매체인 셈이죠.

매체가 발전함에 따라 인간의 삶의 방식도 달라지고 있습니다. 옛날에는 상상도 할 수 없었던 일이 가능해진 오늘날, 이제 인간은 밤에도 일을 하거나 쇼핑을 하고 생활할 수 있게 되었습니다. 과학 기술은 우리의 일상생활 속도와 패턴을 변화시킨 장본인이며 특히 전기 미디어는 공간과 시간에 대한 우리의 생각을 완전히 바꾸어 놓았습니다. 컴퓨터 모니터로 보는 인터넷도 사실은 전광이라고 할 수 있습니다. 이처럼 모든 미디어는 인간의 경험을 새로운 형태로 바꾸려는 경향을 가지고 있습니다.

미디어는 몸의 확장이다

 모든 미디어는 인간이 지닌 재능의 심리적 또는 물리적 확장이다.

– 마셜 맥루한

1 새로운 미디어는 우리 몸에서 나온다

우리 아빠는 방송국에서 일을 하십니다. 그래서 계절이 바뀔 때마다 방송 개편 때문에 며칠 동안 집에 들어오지 못하기도 하십니다. 그럴 때면 '아빠가 참 힘드시겠구나' 하는 생각이 듭니다. 하지만 유명한 사람들도 많이 보고, 텔레비전에 나오는 연예인들도 많이 본다는 점에서는 재미있을 것 같기도 합니다.

"우현아, 아빠 왔다."

오옹? 아빠가 어쩐 일로 주말에 들어오셨지? 요즈음 아빠는 평

일보다 주말에 더 바쁘시거든요. 특히 일요일 오후는 더더욱 바쁘다고 하셨습니다.

"우아! 아빠, 오늘은 일찍 오셨네요?"

"오늘까지 해야 할 일들이 다 끝나서 우리 우현이, 아니 우리 우현이 엄마 보러 일찍 들어왔지."

"에이, 아빠는 나보다 엄마가 더 좋으시구나?"

늘 바쁘다는 핑계로 엄마를 많이 챙겨 주지 못하셔서 하시는 말씀이지만 나는 조금 섭섭하기도 했습니다. 그래도 우리 아빠는 정말 센스 만점이시라니까요.

나는 갑자기 어제 있었던 일들을 아빠한테 털어놔야겠다고 생각했습니다. 안 그러면 찜찜하고 답답한 마음이 일주일이고 한 달이고 사라지지 않을 것 같았거든요.

"아빠…… 잠깐만요……."

나는 엄마께는 들릴 듯 말 듯한 작은 목소리로 조심스럽게 아빠를 불렀습니다.

"응, 왜?"

"아빠! 이따 저한테 시간 좀 내주세요. 제가 고민이 좀 있거든요. 아빠의 도움이 필요해요. 그런데요, 아빠. 엄마께는 절대 비밀로 해 주세요."

"고민? 그거 참, 무슨 고민일까? 친구들이랑 싸웠니?"

"아니에요. 그냥……."

"그래? 알았다. 그러면 이따 아빠랑 목욕이나 하러 갈까? 남탕에는 엄마가 들어올 수 없으니까 최고의 상담 장소 아니겠니? 안 그래도 며칠 동안 제대로 씻지 못해 몸이 근질근질하던 참이었는데 잘됐다."

아까도 생각했었지만 역시 우리 아빠는 센스가 넘치십니다. 어떻게 목욕탕을 생각해 내셨는지 대단하시다니까요. 그럼 이제 절반은 해결이 된 거겠지요?

"어머, 여보 벌써 들어온 거예요?"

방에서 책을 읽고 계시던 엄마가 소리를 듣고 나오셨습니다.

"당신 보고 싶어서 일찍 들어왔지. 그런데 우선 목욕탕에 다녀오려고. 당신에게 멋있게 보여야 하는데 며칠 야근했더니 꼬질꼬질해. 우현아, 아빠랑 같이 목욕 갈래?"

"그래, 아빠 혼자 가시면 심심하니까 우현이도 같이 다녀오렴."

나의 타고난 연기력은 모두 아빠께 물려받은 건가 봅니다. 아까 목욕탕에서 얘기하자고 하시더니 마치 처음 물으시는 것처럼 말씀하시네요.

"네? 아이, 목욕탕은 가기 싫지만…… 뭐, 오랜만에 아빠께 봉사 한번 할게요."

나랑 아빠는 서로 눈짓을 하다가 씨익 웃었습니다.

정말 오랜만에 아빠랑 목욕탕에 갔습니다. 주말인데도 사람들이 별로 없었습니다. 고민을 털어놓기에는 그런대로 괜찮은 분위기여서 다행입니다. 아빠랑 나는 탕에 들어가 나란히 앉았습니다.

"그래, 우리 우현이한테 무슨 고민이 있는지 한번 들어보자."

"저, 그게요, 말씀드리기가 좀 길긴 하지만…… 저는 그냥 좋은 마음으로 시작한 일들인데 결국 나쁘게 돼 버렸어요. 처음부터 그러려고 한 건 아닌데……."

나도 모르게 핑계부터 튀어나오기 시작했습니다. 아니지, 이건 핑계가 아니라 정말 답답한 제 심정입니다.

"도대체 우리 우현이한테 무슨 일이 있었기에 이렇게 절절하게 이야기하는 걸까? 아빠가 해결해 줄 수 있는 거라면 얼마든지 도와줄 테니까 계속 이야기해 봐."

나는 문득 인터넷으로 검색해 본 맥루한의 이론이 떠올랐습니다. 막상 고민을 털어놓으려고 하니까 어디서부터 어떻게 말씀을 드려야 할지 막막해서 먼저 맥루한 얘기부터 꺼내기로 했습니다.

"아빠, 맥루한이 누군지 아세요?"

"원 녀석도, 고민을 털어놓겠다더니 갑자기 맥루한은 뭐냐? 근데 맥루한 얘기는 누구한테 들었어?"

"엄마가 말씀해 주셨어요. 저도 인터넷으로 검색해 봤고요. '인간이 만들어 낸 모든 것을 미디어라고 한다'는 것은 이해가 되는데, '미디어는 몸의 확장이다'라는 말은 무슨 뜻이에요?"

"세상에는 수많은 미디어가 있고, 그 미디어들은 계속해서 발전해 왔다는 것은 알고 있지? 미디어들이 점점 발전해 온 것은 다 과학자들이 열심히 연구한 덕분이란다. 그런데 우리들은 과학자들이 주로 머리에서 아이디어를 얻는다고 생각하지. 하지만 맥루한은 몸을 응용해서 아이디어를 얻는다고 생각했어. 따라서 미디어 역시 몸을 응용해서 만들어진다고 보았지. 그럼 자동차 바퀴는 우리 몸의 어떤 부분을 응용해서 만들었을까?"

"당연히 우리의 다리를 응용했겠죠?"

"그래 맞았어. 맥루한은 미디어의 발전을 인간의 확장으로 보기도 했단다. 다시 말해, 미디어의 발전이 신체의 기능을 확장하고

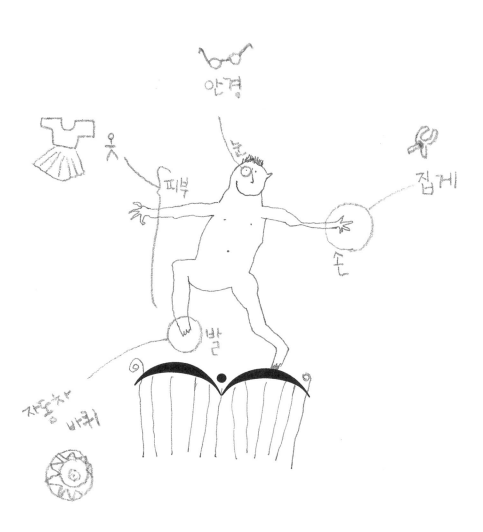

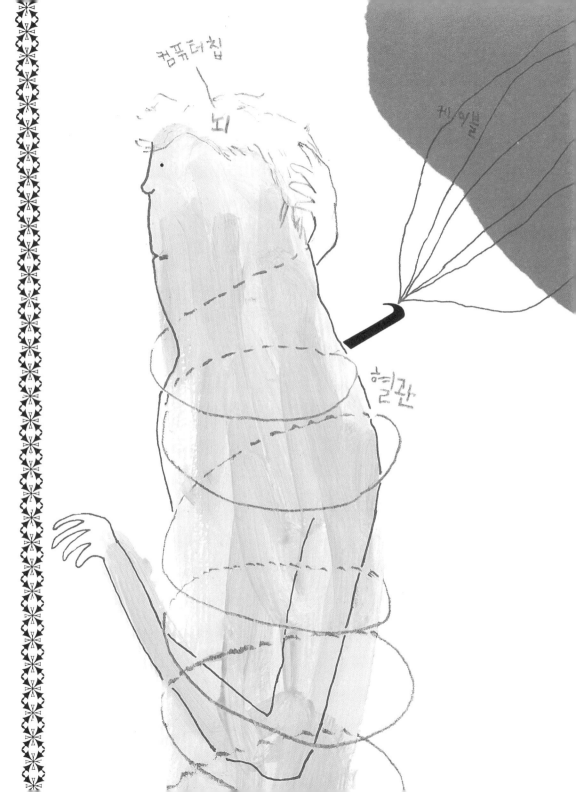

우리의 감각을 넓힌 것이라는 말이지. 예를 들어 책은 눈의 기능을 확장한 것이고, 옷은 피부의 기능을 확장한 것이라는 말이야. 만약 엄마의 귀에서 확장된 고성능 도청 장치가 여기 어딘가에 숨어 있다면 엄마는 우리가 하는 이야기를 고스란히 듣게 되겠지? 다행히 엄마는 남탕에 들어올 수 없어 도청 장치를 설치하지 못하니까 염려하지 않고 말해도 돼."

나는 아빠의 말씀에 불안해진 나머지 어제 있었던 일들을 하나하나 털어놓았습니다. 지금까지 꼭꼭 숨겨 두었던 은영이 이야기, 휴대전화 중독인 것 같다는 것까지 전부요.

"아빠, 이게 전부예요. 약속은 꼭 지켜 주셔야 해요."

"에이, 별것도 아닌 걸 가지고 고민하고 있는 것 같구나. 아빠가 깔끔하게 해결해 줄게. 마음을 편히 가지렴. 아빠가 누구냐? 우리 우현이의 해결사 아니겠어?"

아빠는 눈을 찡긋 하시더니 탕 밖으로 나가자고 하셨습니다. 아빠의 말씀에 나는 답답했던 가슴이 뻥 뚫리는 듯한 기분이 들었습니다. 몸이 가벼워지는 것 같기도 했습니다.

"여자 친구 이름이 뭐냐?"

"은영이요, 최은영."

"예쁘냐?"

"에이, 아빠도 참…… 당연히 예쁘지요. 우리 엄마보다는 아니지만……."

"당연하지! 네 엄마가 젊었을 때는 지금보다 훨씬 더 예뻤어. 그나저나 우리 우현이가 아빠 등을 잘 밀 수 있을까?"

"그럼요, 아주 시원하게 밀어 드릴 수 있어요."

나는 여느 때보다 아빠의 등을 더 열심히 밀었습니다. 아빠가 고민을 해결해 주실 거라는 생각을 하니 기운이 마구 솟았습니다.

"아이고, 이 녀석. 어느새 힘이 이렇게 세졌나? 조금만 살살 밀어. 얼마 전까지만 해도 간지럽더니만 이제는 아픈걸."

"하하하! 네, 아빠 살살 밀게요."

말은 이렇게 했지만 나는 마음이 가벼워져서 내가 세게 밀고 있는 건지 살살 밀고 있는 건지도 모르겠습니다.

시원하게 목욕을 하고 밖으로 나왔습니다. 머리를 말리면서 휴대전화를 보는데 앗! 부재 중 통화 1건. 목욕을 하는 사이에 은영이에게 전화가 와 있었습니다. 꼭 받았어야 했는데…… 전화를 안 받으면 문자 메시지라도 보내 줄 것이지 휴대전화에는 달랑 부재 중 통화 1건만 있었습니다. 이를 어떻게 해야 할까요? 나는 휴대전화를 들고 한참을 고민했습니다.

"우현아!"

"……."

"배우현!"

"네?"

나는 아빠가 부르는 소리에 깜짝 놀라 대답했습니다.

"무슨 생각을 그렇게 하기에 부르는 소리도 못 들어? 다 입었으면 나가서 냉면이나 한 그릇 먹자."

"엄마는 어떻게 하고요?"

"냉면은 간식이야. 저녁은 집에 가서 엄마랑 먹으면 되지."

나도 이젠 냉면쯤은 간식으로 먹을 수 있습니다. 요즘에는 라면 두 개도 거뜬히 먹습니다. 엄마는 키가 크려는 것 같다고 하시는데 키가 크기 전에 살이 먼저 찔 것 같습니다. 저번에는 혼자 피자 한 판을 다 먹었다니까요.

"그런데 우현아, 탕에서 나오자마자 휴대전화부터 본 거야? 요즘 애들에겐 휴대전화가 일상적인 거라고는 하지만 이건 조금 문제가 있는 것 같은데. 미디어는 장점도 많지만 단점도 있단다."

"네, 알아요. 어제 충분히 느꼈는걸요."

내가 다시 우울해지려는 순간 아빠가 내 등을 툭 치시며 말씀하셨습니다.

"맥루한이 엉뚱한 사람이라는 건 들었니? 우리 냉면 먹으면서 맥루한에 대해 공부해 볼까?"

2 지금은 맥루한 퀴즈 시간!

아빠랑 목욕탕 근처에 있는 냉면집에 갔습니다. 아빠는 시원한 물냉면을 시키셨고 나는 매콤 달콤한 비빔냉면을 시켰습니다. 냉면은 참 희한한 음식입니다. 물냉면을 시키면 비빔냉면이 먹고 싶고, 비빔냉면을 시키면 물냉면이 먹고 싶어지거든요. 자장면과 짬뽕을 반씩 담은 짬짜면이 있는 것처럼 냉면도 두 가지가 반반씩 나오면 좋겠습니다. 나는 음식이 나오기 전에 아빠께 질문을 했습니다.

"참, 아빠. 맥루한이 왜 엉뚱한 사람이에요?"

"응? 식당에서 말하기는 좀 지저분하지만 말이야, 맥루한이 조카와 함께 속옷에서 소변 냄새를 제거하는 물질을 발명했다고 하는구나. 그래서 엉뚱한 사람이라고 한 거야."

"하하하, 그런 발명품은 별로 필요 없을 거 같은데 왜 그런 생각을 하게 되었을까요? 빨래를 하면 저절로 없어지는 거 아닌가요? 정말 엉뚱한 사람이다. 그것도 조카랑……."

"맥루한은 엉뚱한 사람인 만큼 미디어와 우리 생활을 보는 시각도 아주 새롭단다. 미디어가 우리의 몸을 확장한 것이라는 이론만 봐도 그렇지. 막상 듣게 되면 당연하고 그럴듯한 것처럼 느껴지지만 그런 생각을 하기란 쉽지 않지."

"네, 그래요. 맥루한이 생각하는 미디어는 사람들이 알고 있는 것보다 더 범위가 넓고 다양해요. 어제 엄마한테 들었는데, 맥루한은 '인간이 만들어 낸 모든 것을 미디어'라고 불렀다면서요? 우리 주변의 자연물을 제외하고 집, 옷, 텔레비전, 자동차, 무기, 숫자, 시, 그림뿐만 아니라 눈에 보이지 않는 철학이나 과학까지 미디어라고 했다고 하셨어요."

"와~! 우리 우현이 정말 똑똑하구나. 누가 아빠 아들 아니랄까 봐, 하하하."

이럴 땐 공부하는 것도 나쁘지 않다는 생각이 드네요. 아빠랑 대화도 나누고 칭찬도 받고…… 아무튼 오늘은 신나는 날입니다.

"모든 미디어는 인간의 팔과 다리, 우리의 감각을 연장시킨 것이라는 주장도 기억나니?"

"네, 여기 있는 숟가락, 젓가락은 손을 연장한 것이겠네요."

나는 한껏 아는 체를 했습니다. 내가 천재라도 되는 양 우쭐한 기분이 들었습니다.

"그래, 맞아. 그럼 우리 냉면 나올 때까지 알아맞히기 게임이나 할까?"

"알아맞히기 게임이요?"

"응, 내가 문제를 내면 네가 알아맞히는 거야. 5문제 중에서 3문제 이상 맞히면 아빠가 상을 주지."

"상이오? 우아, 기대된다. 꼭 맞혀야지."

나는 아빠께 뭘 사 달라고 할까 고민하기 시작했습니다. 갖고 싶었던 것들이 머릿속에서 맴돌았습니다. 용돈으로 달라고 해야 할지, 아니면 갖고 싶은 것을 사 달라고 해야 할지 빨리 정해야 할 것 같습니다. 흐뭇한 고민이 시작되었습니다.

"자, 첫 번째 문제! 라디오는 무엇의 확장일까?"

"아, 미디어랑 관련 있는 문제네요. 정답은 귀 아니에요?"

"이렇게 어려운 문제를 맞히다니! 그럼 한 문제 맞힌 거다."

"하하하, 이런 문제라면 얼마든지 내주세요."

"두 번째 문제! 텔레비전은 무엇과 무엇의 확장일까?"

"두 개예요? 텔레비전은 영상과 소리로 전달하는 것이니까 눈과 귀의 확장이오."

"딩동댕! 그럼 이번에는 컴퓨터에서 찾아볼까? 컴퓨터의 칩(CPU – Central Processing Unit, 컴퓨터 시스템 전체의 작동을 통제하고 프로그램의 모든 연산을 수행하는 가장 핵심적인 장치)은?"

"컴퓨터의 칩? 음…… 손이오?"

"땡! 뇌의 확장이야. 한 문제 틀렸네. CPU는 중앙 처리 장치라고 해서 입력된 자료를 처리하고 그 결과를 보여 주는 과정을 모두 담당하지. 그래서 CPU를 컴퓨터의 두뇌라고도 한단다."

"아~ 그렇구나. 몰라서 틀린 게 아니라 갑자기 어려운 게 나오니까 당황한 거예요. 얼른 다음 문제 내주세요."

한 문제 틀렸습니다. 이렇게 되면 다음 문제를 꼭 맞혀야 안심이 되는데…… 아까보다 조금 자신이 없어졌습니다.

"자, 이제부터는 다 맞힐 수 있을 거야. 쉬운 문제로 내줄게. 모니터는 무엇의 확장일까?"

"눈의 확장."

"딩동댕! 그러면 마지막 문제다. 망치는 무엇의 확장일까?"

"그야 당연히 손이지요."

자신 있게 말하긴 했지만 사실 속으로는 두근두근 간질간질해서 참을 수가 없었습니다. 그냥 아빠랑 하는 퀴즈 놀이일 뿐인데 왜 이렇게 가슴이 뛸까요? 맞은 거 같은데…… 틀렸으면 어떡하지요?

"손? 망치가 정말 손을 대신하는 거 같아?"

"그런 것 같은데……."

아빠가 되물어 보시자 나는 갑자기 자신이 없어졌습니다. 그리고 머릿속이 마구 어수선해졌습니다. 아닌가? 틀리면 안 되는데…….

"좋아! 맞았어. 그러면 한 문제만 더 내볼까?"

"휴~ 다행이다. 이제는 틀려도 되는 거지요?"

"그래, 마음 편히 맞히려무나. 조금 어려운 문제인데 컴퓨터의 케이블은 무엇을 확장했을까?"

"케이블이 뭐예요?"

"응, 컴퓨터에서 정보를 전달하고 있는 장치 말이야. 전선처럼 생긴 거."

"글쎄요, 잘 모르겠는데요. 컴퓨터의 뼈……?"

"하하하, 컴퓨터에 뼈가 어디 있니? 케이블은 인간의 혈관과 신경 조직을 확장한 것이란다."

"그건 너무 어렵잖아요."

"잘 생각해 보렴. 우리 몸의 혈관과 신경 조직이 신체 정보를 전달하듯이 컴퓨터의 케이블이 모든 정보를 전달하고 저장할 수 있도록 하는 거야."

"그렇구나. 그래도 뭐, 알아맞히기 게임은 제가 이겼으니까 약속은 꼭 지키셔야 해요."

"알았어. 그런데 우현아. 너는 맥루한의 주장이 맞다고 생각하니?"

"네, 재밌으면서도 그럴듯하잖아요."

"그럴듯하지만 꼭 사실이라고 볼 수는 없지 않겠니? 때문에 여러 학자들은 맥루한이 논리적이지 못하다고 비판하기도 했단다."

"왜요?"

"곰곰이 생각해 보면 그렇잖아. 맥루한은 집게가 손의 확장이라고 주장했는데 무언가를 잡으려고 할 때는 손뿐만이 아니라 팔의 근육도 움직여야 하니까. 우리 몸의 구조는 단순하지가 않아서 손과 팔에 수많은 뼈와 근육, 힘줄 등이 연결되어 있단다. 그래서 손만 움직이는 것 같아도 실제로는 팔에 있는 근육이나 힘줄이 함께 움직이는 셈이지."

"아, 그렇구나!"

나는 고개를 끄덕이면서 집게와 손, 팔을 머릿속에 그려 보았습니다.

"주문하신 냉면 나왔습니다."

한참 맥루한 이야기를 하다 보니 냉면을 깜빡 잊고 있었네요. 먹음직스러운 냉면이 아빠와 내 앞에 놓여졌습니다.

"와! 드디어 나왔다. 잘 먹겠습니다!"

"그래, 맛있게 먹자."

"네!"

3 미디어는 계속 발전한다

목욕하고 나서 먹는 냉면은 평소보다 더 시원한 것 같습니다. 냉면 덕분에 머릿속까지 시원해진 느낌입니다. 나는 냉면을 먹고 나오면서 이런저런 생각을 했습니다. 맥루한은 미디어가 인간의 몸을 확장한 것이라는 이론을 처음 어떻게 생각해 냈을까요? 또 아빠의 말씀을 들어 보니까 맥루한의 이론은 매우 다양합니다. 맥루한은 우리 몸을 확장해서 만든 미디어가 다시 우리의 몸에 영향을 미친다고 주장했습니다. 예를 들어 우리가 편리하고자 만든 규칙이 우리의 생활에 영향을 주는 것과 마찬가지겠지요. 얼마 전 우리 반에서는 등교하는 순서대로 자리에 앉자는 규칙을 정했는데 지각을 하면 하루 종일 칠판이 잘 보이지 않아 고생을 하기도 했습니다. 결국 우리가 정한 규칙이 우리에게 영향을 준 것입니다.

내가 맥루한의 이론을 생각하고 있는 동안 아빠는 회사 분과 통화 중이십니다.

"어, 집에 들어가서 메일로 보낼게. 내일 문서로 가져가는 것보다 그게 더 빠르지 않아? 응, 그건 이 PD가 알아서 해. 이번 개편에는 가족 위주의 프로그램으로 하자니까? 그렇지. 그거 좋은데……."

아빠의 통화가 금세 끝날 것 같지 않습니다. 그래서 나도 계속 이런저런 생각을 하며 아빠를 따라가고 있습니다.

우리는 흔히 책을 읽을 때 우리의 감각 중에서 눈이 가장 중요하다고 생각합니다. 하지만 요즘에는 컴퓨터를 더 많이 사용하기 때문에 눈뿐만 아니라 손도 중요한 역할을 하게 되었어요. 특이한 것은 야구 선수들이 공을 던지는 쪽의 팔이 늘어나 다른 쪽 팔보다 더 길어지듯이 마우스와 키보드를 사용하는 쪽의 손가락이 길어지고 있다는 것입니다. 나는 내 손가락을 내려다봤습니다. 컴퓨터 오락을 둘째가라면 서러워할 정도로 많이 하거든요. 그런데 내 손가락은 모두 짧고 뭉뚝합니다. 참 이상해요. 미디어 때문에 사람들의 손가락 길이가 길어진다는 사실이요. 그렇다면 나는 앞으로 오락을 더 많이 해야겠습니다. 하하하!

그동안 내가 좋아했던 게임들은 눈으로 보고 손가락만 움직이면 할 수 있는 단순한 것들이었습니다. 미로 안에서 공룡 알을 정해진 장소에 옮겨 놓는 게임, 블록의 모양을 바꾸어 틈새 없이 쌓아 없애는 게임, 미사일을 쏘아 비행기를 맞추면서 전진하는 게임 같은 것들 말입니다. 그 게임들은 색깔도 단순하고, 서너 개의 키만 누르면 되는 간단한 것들이지요.

하지만 요즘은 온몸의 감각을 총동원해야 하는 게임들도 많이 있습니다. 실제로 자동차에 탄 것처럼 핸들을 조작하고 페달을 밟아야 하는 게임, 음악에 맞춰서 건반을 누르고 발판을 밟아야 하는 게임, 오락기와 연결되어 있는 스키를 타야 하는 게임 등은 눈과 귀, 손과 발을 모두 이용해야 합니다.

이렇듯 앞으로 새로운 미디어가 등장할 때마다 우리의 감각 중에서 중요한 역할을 하는 부분도 점차 달라질 것입니다. 그리고

그 감각을 발전시켜 새로운 미디어를 만들어 내겠지요.

만약 과학의 발전과 의학의 발달이 결합하여 눈부신 성과를 이루어 내게 된다면 미래의 인간은 터미네이터처럼 되는 것은 아닐까요?

물론 터미네이터가 사람은 아닙니다. 영화 속 주인공인 터미네이터는 미래의 세계에서 거슬러 온 사이보그입니다. 겉모습은 인간과 똑같아 보이지만 피부 속은 각종 기계 장비들로 가득합니다.

현재도 완벽하지는 않지만 인공 심장을 이식하거나 인공 관절을 삽입하기도 하니까 우리 몸에 잘 맞는 미디어를 몸의 일부에 장착하는 게 가능해지지 않을까요? 그러면 우리의 몸 자체가 미디어가 되는 날이 올지도 모르겠습니다.

"아이고, 미안하다. 아빠가 너무 오래 통화를 했지?"

"아니에요. 아빠, 궁금한 게 하나 있는데요."

"응, 또 무슨 고민이 생겼어?"

"아니요. 아빠가 통화하실 때 곰곰이 생각해 봤는데, 사람의 몸에 미디어를 장착할 수도 있을까요?"

"글쎄…… 미디어가 이대로 더 전화한다면 그럴 수도 있지 않을까?"

"저는요. 제 몸에 미디어를 장착할 수 있다면 망원경의 기능을 갖춘 눈을 갖고 싶어요. 그러면 교실에서 아무리 뒤에 앉는다고 해도 칠판의 글씨가 훨씬 잘 보일 테고, 안경을 쓸 필요도 없을 테니까요."

"그거 참 재미있는 생각인데? 커닝하려고 그러는 건 아니고?"

"에이, 아니에요. 또 팔에는 도르래를 장착해서 무거운 것도 번쩍 들어올릴 수 있었으면 좋겠어요. 엄마를 따라 장을 보러 갔을 때 주차되어 있는 차들 때문에 고생한 적이 많았거든요. 차를 너무 바짝 세워 두어서 부딪힐 뻔하기도 하고, 주차 선을 넘긴 차들 사이로 들어가느라 엄마가 많이 힘드셨어요. 그럴 때 힘센 팔로 그 차를 들어서 주차 선에 맞게 놓아 두면 우리 차가 주차하기 편하잖아요."

"하지만 우현아, 그렇게 되면 사람이 로봇 같아서 조금 무섭게 느껴지지 않을까?"

"그럴 것 같기도 해요. 하지만 미디어는 계속 발달할 거잖아요. 저는 어떤 미디어가 생겨나서 우리의 어떤 감각을 깨워줄지 무척 기대가 돼요."

아빠는 기특하다고 하시며 내 머리를 쓰다듬어 주셨습니다. 실은 엄마, 아빠를 도와드리는 미디어 말고 다른 미디어에 더 관심이 많습니다. 은영이의 전화를 받지 못한 것이 내내 마음에 걸리고 있거든요. 전화가 오면 아무리 휴대전화가 멀리 떨어져 있어도 벨소리를 들을 수 있는 귀와 누가 전화를 한 것인지 보여 주는 눈이 있으면 얼마나 좋을까요?

　집에 들어오자마자 나는 은영이에게 전화를 걸었습니다. 전에는 문자 메시지나 e-mail로 내 마음을 전하면 된다고 당연하게 생각했었습니다. 하지만 이번 기회에 많은 것을 배울 수 있어 잘되었다고 생각합니다. 이 이야기를 은영이에게 꼭 해 주고 싶은데…… 은영이는 내 전화를 받기 싫은가 봅니다. 다섯 번이나 했는데도 받지 않습니다. 지금 전화 말고 내 마음을 전할 수 있는 다른 미디어는 없을까요?

미디어는 몸의 확장

맥루한의 미디어 이론의 독창성은 모든 미디어를 인간 신체 기능의 확장으로 바라본다는 데 있습니다. 인류는 역사를 통해 인간의 신체 기능을 확장시켜 왔습니다. 그 예로 자동차의 바퀴는 발의 확장이고, 책은 눈의 확장이고, 수(數)는 촉각의 확장이고, 옷과 집은 피부의 확장입니다. 또한 총은 이와 눈의 확장이며, 전기 기술(전자 회로)은 중추 신경의 확장입니다. 그러나 이를 단순히 물리적 신체 기능의 확장으로만 볼 것이 아니라 감각, 의식 또는 경험의 확장으로 봐야 할 것입니다. 따라서 매체는 신체에 대응한다고 하는 것이죠.

이렇게 하면 우리가 사용하는 많은 미디어들을 설명할 수 있습니다. 라디오와 전화라는 미디어는 소리를 듣는 귀의 확장입니다. 영화와 텔레비전은 보고 듣는 눈과 귀의 확장이죠. 그래서 책을 시각 매체, 라디오를 청각 매체, 텔레비전을 시청각 매체라고 구분해 부르는 것입니다.

컴퓨터 회로는 두뇌의 확장이고, 마우스는 손의 확장이며, 모니터는 눈의 확장이고, 스피커는 귀의 확장입니다. 그러고 보면 컴퓨터야말로 후각을 제외한 모든 감각을 활용하는 종합 운동인 셈이네요. 향기가 나는 컴퓨터가 가능해진다면 그야말로 인간의 오감을 종합하는 토털 미디어가 될 것입니다.

앞으로 미디어는 어떻게 발전하게 될까요? 맥루한에 따르면 생각은 하늘에서 뚝 떨어지는 것이 아니라 바로 인간의 오감을 비롯한 지각 능력에 그 출발점을 두고 있습니다. 휴대전화가 아무리 점점 더 좋은 기능을 갖춘다고 해도 어디까지나 우리가 사용하기에 편리해야 하며 인식하기 좋아야 한다는 것입니다. 예전에는 통화만 할 수 있었던 전화기로 사진도 찍을 수 있고 라디오와 텔레비전까지 볼 수 있게 되었습니다. 인간 육체의 감각 기관으로부터 만들어진 미디어는 우리가 세상을 바라보는 데에도 영향을 줍니다. 디지털 카메라로 보는 것과 눈으로 보는 것에는 분명히 차이가 있으니 말이죠. 미디어는 갈수록 확장되고 있으며 앞으로 어떤 미디어가 세상을 바꾸게 될 것인지는 우리들의 상상력에 달려 있습니다.

맥루한의 미디어론과 역사 구분 단계

 모든 테크놀로지는 총체적으로 새로운 인간 환경을 점진적으로
창조한다.

-마셜 맥루한

1 마음을 전하고 싶어

아빠, 엄마는 저녁 모임에 가셨습니다. 결국 아까 먹은 냉면이 저녁이 된 셈입니다. 아빠는 모임이 있는 걸 깜빡 잊으셨다며 집에 들어오실 때 맛있는 것을 사 오시겠다고 약속하셨습니다. 그래서 나는 눈이 빠지게 아빠, 엄마를 기다리고 있습니다. 슬슬 배가 고파 오기 시작했거든요.

밤이 깊어져도 아빠, 엄마는 들어오시지 않습니다. 늦으시면 항상 전화를 하시는데 우리 집 전화기가 멍텅구리가 되었나 봅니다. 나는 신호가 가나 안 가나 확인을 하려고 전화기 앞으로 갔습니다.

'따르르릉, 따르르릉……'

나는 갑자기 울리는 전화벨 소리에 깜짝 놀랐습니다.

"여보세요? 우현이네 집입니다."

"우현이구나! 진도 할미다."

"우아, 외할머니다! 할머니, 그동안 잘 지내셨어요? 할아버지도 건강하시죠?"

"그럼, 너도 잘 지내냐? 학교는 잘 댕기고?"

"네, 잘 다니고 있어요."

"엄마는 집에 있냐?"

"아뇨, 아직 안 들어오셨어요. 이제 곧 들어오실 텐데……."

"그래? 그럼 할미가 다시 전화하마. 그냥 목소리나 들으려고 전화했다."

"네, 할머니. 죄송해요. 다음에는 제가 먼저 전화 드릴게요. 안녕히 계세요."

"오냐, 잘 지내라."

외할머니의 목소리를 듣는 것은 참 오래간만입니다. 예전에는 편지나 카드도 많이 보내 드리고, 하다못해 전화라도 자주 드렸는데 휴대전화를 사고 난 뒤로는 오히려 안부 인사조차 제대로 드리지 못한 것 같습니다. 통신 기술이 발달할수록 연락이 더 자주 오가야 할 텐데 오히려 더 멀어진다는 느낌이 듭니다. 몇 년 전만 해도 겨울 방학을 앞두고 크리스마스카드를 만들거나 방학 시간표를 짜는 것이 중요한 일 중 하나였는데 말이죠. 그때는 기말 고사가 끝난 뒤에는 국어 시간이든 수학 시간이든 상관없이 카드 만들기, 방학 시간표 짜기를 많이 했거든요. 히히, 문구점이나 할인 마트에 가면 예쁜 카드를 살 수 있었지만 크리스마스카드를 만드는 것은 나에게 즐거운 놀이였습니다. 도화지, 색종이, 가위, 풀 등을 준비물로 챙겨서 학교에 갈 때면 여느 때와 달리 수업 시간이 기다려지곤 했지요.

그날도 겨울 방학을 앞두고 카드 만들기를 하고 있었습니다. 나는 색종이에 연필로 그림을 그린 뒤에 가위로 오려 카드 겉면에 붙였는데 그림도 영 마음에 들지 않고 연필심이 번져 지저분해 보이기까지 했습니다.

나는 우리 반에서 제일 그림 솜씨가 좋은 민지의 카드를 슬쩍 보았습니다. 민지는 도화지 위에 색연필로 그림을 그린 뒤에 작은 구슬을 붙이고 있었습니다. 민지의 카드는 아주 멋지게 보였습니다. 나는 민지가 어떻게 카드를 만드는지 계속 쳐다보고 있었습니다. 그것을 알아차렸는지 민지가 먼저 말을 걸었습니다.

"우현아, 내가 이 구슬 빌려 줄까?"

나는 민지의 말이 고마웠지만 순간 쑥스럽기도 했습니다.

"아냐, 됐어. 난 색종이 붙이면 돼."

이렇게 대답한 후 내 카드 쪽으로 고개를 돌렸습니다.

집으로 돌아오는 길에 나는 민지의 카드에서 본 작은 구슬과 스티커 몇 개를 샀습니다. 가방을 내려놓자마자 나는 도화지를 오려서 색연필과 크레파스로 그림을 그리고, 작은 구슬을 붙였습니다. 거기에 스티커까지 붙이니까 왠지 민지의 카드보다 훨씬 더 멋진 것 같았습니다.

카드를 몇 개 더 만들어서 엄마와 아빠 것에는 '메리 크리스마스'라고 쓰고, 외할머니, 외할아버지 카드에는 '새해 복 많이 받으세요'라고 썼습니다.

크리스마스이브 날 저녁 아빠는 한 손에 케이크를, 다른 손에는 선물 포장된 상자 하나를 들고 오셨습니다. 우리 가족은 크리스마스트리에 걸린 전구에 불을 밝히고, 케이크를 먹으면서 이야기를 나누었습니다. 나는 두근거리는 마음으로 엄마, 아빠께 얼른 카드를 드렸습니다.

"어쩜, 우리 우현이가 이렇게 솜씨가 좋다니 너무 놀랍구나. 안 그래요, 여보?"

"그러게. 우현이가 이렇게 카드도 만들어 주었는데, 아빠도 우리 우현이에게 선물을 줘야겠는걸."

아빠는 포장된 상자를 건네주셨습니다. 상자를 열어 보니 운동화가 들어 있었습니다.

"아빠, 고맙습니다."

"나는 준비 못했는데, 치사하게 혼자만 준비한 거예요? 운동화는 언제 사러 갔어요?"

"우현이가 이 카드를 만들고 있을 동안에 샀지. 하하하……."

나는 운동화를 선물 받았다는 것보다도 엄마, 아빠가 내 카드를 칭찬해 주신 것이 더 기뻤습니다. 다음 날 외할머니께서 카드를 보내 줘서 고맙다고 전화를 하셨을 때는 뭔가 큰일을 한 듯한 기분이었습니다.

그 후에도 나는 매년 어버이날과 크리스마스 때마다 편지나 카드를 꼭 썼습니다. 엄마, 아빠는 물론이고, 외할머니, 외할아버지 께도 드렸고요. 그러다가 작년 가을 휴대전화를 사면서부터 편지나 카드 보내는 일이 줄어들었습니다. 아무래도 친구들과 문자 메시지를 주고받는 것에 익숙해지다 보니 휴대전화를 사용하시지 않는 외할머니, 외할아버지께는 연락이 뜸하게 돼 버린 것입니다.

나는 작년 여름 외할머니께 아주 큰 선물을 받고도 보답해 드리지 못한 자신이 부끄러웠습니다. 어떻게 그날의 감동을 잊고 있었는지…….

우리 가족은 모처럼 외가로 휴가를 가게 되었습니다. 진도까지 가는 일이 쉽지는 않았지만 아빠의 휴가가 길고, 내가 중학교에 올라가면 더 찾아뵙기 어려울 거라는 생각에서였습니다.

진도에서 외할머니와 외할아버지, 누렁이, 푸른 바다와 함께하다 보니 어느덧 휴가의 마지막 날이 되었습니다. 외할머니는 아침부터 분주하게 서두르시면서 쌀, 미역, 김, 전복 등 이것저것을 챙겨 종이 상자와 아이스박스에 넣으셨습니다.

"아, 참. 내 정신 좀 보게. 우현아, 안방 서랍장 위에 할미의 보물 상자가 있단다. 그것 좀 가지고 오너라."

나는 안방으로 들어가 외할머니의 보물 상자를 찾아보았습니다. 서랍장 위에 색색의 한지로 만든 상자 하나가 있었습니다. 오래되어 손때가 묻어 있었지만 각 면마다 난이나 대나무가 그려져 있어 멋들어지게 보였습니다.

나는 가볍게 상자를 들다가 뚜껑만 잡게 되어 내용물을 와락 쏟아 버리고 말았습니다. 방바닥에 수첩 몇 개와 통장, 도장, 낯익은 카드와 편지 봉투들이 흩어졌습니다.

혹시나 하는 마음에 카드와 편지 봉투를 살펴보았는데 그것들은 모두 내가 보내 드렸던 것들이었습니다. 조금 두툼한 편지 봉투를 열어 보니 재작년에 보내 드린 카네이션이 봉투 안에서 살짝 눌려 납작해져 있었습니다. 나는 순간 가슴이 뭉클해지고 눈물이 조금 날 것만 같았습니다. 상자 안에 카드와 편지를 차곡차곡 담고, 수첩과 통장, 도장을 얹은 후 상자 뚜껑을 닫았습니다.

나는 아무 말 없이 외할머니께 보물 상자를 건네 드렸습니다. 외할머니는 보물 상자를 열어 통장과 도장을 꺼내시더니 엄마의 손에 쥐어 주셨습니다.

"이건 우현이가 중학생이 되면 쓰라고 마련한 것인디, 언제 다시 만나게 될지 모르니께 오늘 가지고 올라가."

집으로 돌아오는 차 안에서 나는 상자 안에 있었던 카드와 편지들, 특히 카네이션이 떠올라 가슴이 아팠습니다. 먼 진도에서 손자가 보낸 짧은 소식에 기뻐하셨을 외할머니, 외할아버지의 모습이 떠올랐습니다. 나는 집에 도착하면 꼭 외가에 편지를 보내야겠다고 마음먹었습니다.

하지만 집에 도착했을 때는 너무 늦은 밤이었고, 짐 정리도 제대로 못한 채 잠이 들었습니다. 다음 날 짐 정리를 한 후, 밀린 엄마의 일을 거들어 드리고 학원에 가고…… 그러는 와중에 나는 편지를 보내야겠다는 생각을 까맣게 잊어버렸습니다. 또 친구들과 문자 메시지를 주고받으며 중요한 것을 기억 저편에 흘려 버리고 말았습니다.

세상에는 편리해서 잊혀지는 일들이 참 많은 것 같습니다. 미디어가 발전해서 생활이 편리해지는 것은 좋지만 마음까지 편리해진 나머지 게을러지면 안 되는 거겠죠? 어쩌면 은영이가 원하는 것이 이런 마음이 아니었을까요? 나는 갑자기 부끄러워졌습니다.

2 미디어는 메시지다

아빠, 엄마를 기다리는 동안 나는 인터넷 서핑이나 해야겠다고 생각했습니다. 아빠는 일일이 클릭해서 봐야 하는 인터넷 뉴스보다는 신문이 훨씬 더 보기 편하다고 하십니다. 그렇지만 나는 같은 내용이라도 인터넷 화면으로 봐야 더 재미있게 느껴지고, 신문은 어떻게 봐야 할지 모르겠습니다.

내가 자주 이용하는 검색 사이트는 '생활의 지식 창고 야호(Yaho!!)'라는 곳입니다. 정치, 경제, 사회, 문화와 관련된 뉴스를 비롯하여 연예인들의 가십, 생활 정보나 상식들까지 다양하게 볼 수 있답니다.

나는 컴퓨터를 켜자마다 '야호(Ya ho!!)' 포털 사이트에서 이것 저것을 검색해 보다가 '식량 문제의 획기적인 해결책'이라는 기사를 클릭해 보았습니다. 기사는 유전자 조작 식물에 관한 것이었습니다.

나날이 식량 문제가 심각해지고 있는 가운데 거의 완성 단계에 이르고 있는 유전자 조작 식물이 있어 화제입니다. 인류의 구원 작물이 될 이 식물의 이름은 '구황이'. 순수 국내 기술로 개발된 '구황이'는 구황 작물에서 그 이름을 따온 것이라고 합니다.

구황 작물이란 가뭄이나 장마에 큰 영향을 받지 않으면서 상당한 수확을 얻을 수 있는 작물입니다. 또 짧은 시간 내에 재배할 수 있고 척박한 토양에서도 잘 자라서 흉년이 들었을 때 주식 대용으로 사용할 수 있습니다. 구황 작물에는 조, 피, 메밀, 고구마, 감자 등이 있습니다.

이름에 걸맞게 '구황이'는 뿌리에는 감자와 고구마가 자라고, 줄기에는 옥수수가 열리는 식물입니다. '구황이'의 완성을 앞두고 연구에 박차를 가하고 있는 재난대책유전공학연구소는 '구황이'로 인해 지구의 식량 문제가 거의 100% 해결될 것으로 전망했습니다.

재난대책유전공학연구소가 발표한 자료에 따르면 '구황이'는 옥수수와 감자, 고구마의 세포를 인공적으로 융합하여 세 식물의 형질을 가지도록 만든 개량종이라고 합니다.

세계의 유전공학계와 언론계는 '구황이'에 깊은 관심을 쏟고 있으나 유전자 조작으로 인한 부작용 또한 우려하고 있습니다. 이에 대해 재난대책유전공학연구소는 아직까지 '구황이'가 완성된 것이 아니며, '구황이'의 탄생부터 안전성 검사에 이르기까지 모든 것을 공개하겠다고 밝혔습니다.

기사 아래에는 '구황이'가 완성되었을 때를 가상한 그래픽 사진이 몇 장 있었습니다. 전에도 토감(토마토와 감자의 세포 융합)이나 무추(무와 배추의 세포 융합), 가지감자(가지와 감자의 세포 융합) 같은 것들을 모형이나 사진으로 본 적이 있었지만 한 식물에서 세 가지나 자라다니 정말 놀라운 일이었습니다.

만약 '구황이'가 완성되어 밭에 심고 기른다면 수확할 때 얼마나 재미있을까요? 일단 소쿠리에 옥수수를 따서 담고 옥수수 줄기를 자릅니다. 그 뒤 호미로 감자와 고구마를 캐내면서 과연 땅속에서 감자가 나올지 고구마가 나올지 무척 기대되겠지요. 이거야말로 골라 캐는 재미가 있는 일입니다.

밖에서 무슨 소리가 나는 것 같아서 거실로 나갔습니다. 아까 보고 있었던 텔레비전에서 나는 소리였습니다. 텔레비전을 끄려고 리모컨을 찾다가 소파 위 신문에서도 '구황이'에 대한 기사를 보게 되었습니다. 나는 얼른 앉아서 신문 기사를 읽었습니다. 기사 내용은 인터넷과 거의 비슷했습니다. 다만 기사 아래의 사진이 조금 달라 보였습니다. 인터넷에 실려 있는 사진은 마치 눈앞에 있는 것처럼 사실적으로 보였는데, 신문에 실려 있는 사진은 흑백이 아닌데도 언뜻 보면 무엇인지 모를 것 같았습니다. 모니터의 해상도가 신문보다 더 좋기 때문에 인터넷으로 보면 더 생생하게 실제적으로 보이는 거겠지요?

그때 마침 텔레비전 뉴스에서 '구황이' 소식이 나오고 있었습니다. 인터넷과 신문 기사로 읽었던 내용들이 아나운서의 목소리를 통해 실려 나오고, 자료 화면으로 재난대책유전공학연구소의 모습과 유전자 조작 과정의 그림, 완성된 '구황이'의 모습 등이 차

레차례 비춰졌습니다. 아무래도 일반인들에게는 유전자 조작이라는 것이 어려우니까요. 그 과정을 그림이나 사진으로 보여 주니 좀 더 이해하기 쉬웠습니다.

 인터넷은 기사 내용을 간략하게 정리해 줘서 좋고, 신문은 기사 내용을 자세하게 작성해 줘서 좋고, 뉴스는 아나운서가 입축해서 설명한 후 자료 화면을 보여 줘서 이해하기 쉬웠습니다. 그러고 보니 같은 내용이라도 어떤 미디어를 이용해서 전달하느냐에 따라 이렇게 차이가 생기네요.

 어제 맥루한에 대해 조사할 때 내용보다 형식이 중요하다는 자료를 읽었는데 지금 내가 한 경험과 딱 맞는 이야기인 것 같습니다. 맥루한은 내용보다 형식이 중요하다는 주장을 펼쳤습니다. 같은 내용이라도 어떻게 전달하느냐에 따라 받아들이는 사람에게는 큰 차이가 있을 수 있기 때문이라나요.

 같은 내용이라도 형식의 차이가 중요하다? 나는 갑자기 무슨 용기가 났는지 은영이에게 문자를 보내야겠다고 생각했습니다. 아직 잘 시간은 아니니까 내 문자를 보면 분명 답장을 할 거예요.

은영아… 미안해…
반성하고 있으니까
이 문자 보면
답장 좀 해줘…

0/0 △:05pm
멋진 우현이
123-4567-8910

막 전송 완료 메시지가 뜨는데 아빠, 엄마가 들어오셨습니다. 아빠는 술을 많이 드셨는지 기분이 무척 좋아 보이셨습니다.

"우현아, 아빠가 우리 아들 주려고 치킨 사왔지롱."

"우아! 아빠, 감사합니다. 그런데 술을 많이 드셨나 봐요?"

"아니야, 아빠가 그냥 기분이 좋아서 아주 쪼~금 마셨어."

옆에 계시던 엄마가 웃으시며 물었습니다.

"우리 아들 혼자 심심했지? 뭐 하고 있었어?"

나는 차마 은영이 생각을 하고 있었다는 말은 할 수 없었습니다. 엄마는 아직 은영이에 대해 모르시니까요.

"아, 맥루한에 대해 공부하고 있었어요."

"그래? 우리 우현이 기특한걸. 나는 또 게임이나 하고 있는 줄

알았는데……."

"우리 우현이가 맥루한 공부를 하고 있었어? 아이고, 기특해라. 우리 아들이 철이 아주 일찍 났어요. 하하하, 그러니까 벌써부터 은영……."

"아빠, 맥루한에 대해서 아세요?"

나는 얼른 아빠의 말을 막았습니다.

"어? 아, 참. 응, 맥루한이라면 아빠가 잘 알지. 아빠가 방송국에서 일하잖니. 맥루한은 미디어에 대해 창의적인 생각을 펼친 사람인데, 그의 이론들은 사람들에게 크게 옹호를 받기도 하고 비난을 받기도 했단다."

"네, 저도 그런 내용을 읽어 보았어요. 맥루한이 자신의 이론을 주장하면서 많은 비유를 사용했기 때문에 비논리적이라고 공격하는 학자들이 있대요."

휴~. 아빠가 술김에 은영이에 대해 말씀하시려는 것 같아 얼른 화제를 돌렸는데, 금세 눈치를 채서서 정말 다행입니다. 우리 아빠는 술에 취하셨을 때도 센스가 넘치시는 분입니다.

"하지만 우현아. 맥루한은 '금세기 최고의 미디어 이론가'라는 찬사를 받을 정도로 대단한 사람이었어. 맥루한의 이론이 독창적이기도 하지만 그의 이론이 마치 예언처럼 오늘날 맞아 떨어졌기 때문이야."

옆에서 엄마도 한마디 거드십니다.

"맥루한은 《실낙원》을 쓴 영국의 시인 존 밀턴의 영향을 받았지. 밀턴은 '모든 주의와 주장이 이 땅 위에서 자유로이 활동하게 하라'라는 주장으로 언론의 자유를 강조했어. 맥루한은 이 사상을 자신의 이론에 접목시켜 기술의 발달이 표현의 자유를 불러일으킬 것이라고 했지.

옛날에는 신문, 라디오, 텔레비전 매체를 통해 소식을 들을 수 있었단다. 그나마도 신문, 라디오, 텔레비전의 내용을 검사하는 곳이 있어서 말하고 싶은 것을 모두 다 사람들에게 알리지 못하기도 했어. 그러나 요즘에는 인터넷이 발달하여 실시간으로 세계 곳곳의 소식을 들을 수 있고 누구든지 자신이 하고 싶은 이야기를 할 수 있게 되었지.

우현아, 너는 UCC(User Created Content - 사용자가 제작하는 컨텐츠를 뜻하는 신조어, 개인이 직접 만든 사진이나 동영상, 인터넷에 올린 글 등이 모두 포함된다)가 뭔지 아니?"

"그럼요, 지금 아빠 모습 UCC로 올리면 정말 재미있을 것 같아요. 하하하."

소파에 기대어 앉아 계시던 아빠도 약간 발그스름해진 얼굴로
웃으셨습니다.

"녀석, 아빠가 UCC에 나오면 사람들이 방송국에 더 몰려들게
될 거야."

"왜요?"

"아빠의 잘생긴 얼굴을 한 번이라도 더 보려고 그러겠지? 안 그
래도 방송국 앞에 팬클럽인가 하는 애들이 진을 치고 있어서 복잡
한데 아빠는 좀 참아야 하지 않겠니?"

"당신도 참."

"기왕 말이 나왔으니 아빠가 맥루한에 대해 얘기해 줄게. 그 당
시 많은 이론가들은 내용이 형식보다 중요하다고 여겼는데, 맥루
한은 내용보다 형식이 중요하다고 생각했어. 그래서 맥루한은
'미디어는 메시지다' 라는 말을 한 것으로도 유명하단다."

"미디어는 메시지요?"

"그래, 맥루한은 미디어를 통해 전달되는 내용보다 어떤 미디어
를 통해 전달하느냐 하는 형식을 중요시했어. 같은 내용이라도 미
디어가 달라지면 사람들은 모두 다른 내용이라고 인식한단다. 예

를 들어 아빠가 연예인에 대해 이야기해 주는 것과 그 이야기를 텔레비전에서 듣는 것, 인터넷으로 보는 것이 다 다르게 느껴진다는 말이야. 설사 그 내용이 조금도 다르지 않더라도 받아들이는 사람은 똑같다고 느끼지 않는단다."

오잉? 저 말씀은 아까 전에 내가 했던 생각과 같은 것이네요. '구황이' 소식을 인터넷, 신문, 텔레비전에서 각각 보고 들었을 때 같은 내용이었는데도 분명히 느낌이 달랐거든요.

"모든 미디어는 그 메시지와 상관없이 우리가 세상을 인식하는 방식에 영향을 준단다. 다시 말해서 미디어가 전달하는 것은 그 내용과는 전혀 다른 미디어 자체의 특질이라는 거야. 우리는 그 미디어의 특성에 맞게 메시지를 받아들이게 되는 거지."

나는 그동안 학교에서 형식보다는 내용이 더 중요하다고 배웠습니다. 아무리 형식이 그럴듯해도 내용이 충실하지 못하면 우리에게 제대로 된 지식이나 교훈을 줄 수 없다고 했습니다. 그래서 나는 내용만 충실하다면 어떤 미디어를 사용해도 상관없다고 생각했고요. 하지만 '보기 좋은 떡이 먹기에도 좋다'는 속담이 있는 것처럼 형식의 중요성도 무시할 수는 없는 건가 봅니다.

'전달하고자 하는 내용이 어떤 미디어로 전달되느냐에 따라 차이가 있기 때문에 미디어 자체에 관심을 가져야 한다.'

나는 휴대전화를 들여다보았습니다. 아직 은영이에게 아무런 연락도 오지 않습니다. 맥루한에 대해 알면 알수록 마음이 무겁습니다. 정말 은영이는 내 마음을 받아주지 않으려는 걸까요?

3 텔레비전을 보는 것이 건강에 좋다?

"그런데 엄마, 왜 사람들은 텔레비전을 '바보 상자'라고 부르는 거예요?"

나는 엄마와 치킨을 먹으면서 질문을 했습니다. 아빠는 이미 꿈나라에 계십니다. 하긴, 조금만 더 이야기를 하셨다가는 내가 거짓말을 한 이야기며, 은영이 이야기, 휴대전화 중독에 관한 이야기를 모두 다 폭로하실지도 모릅니다.

"그야 텔레비전이 사람을 바보처럼 만들기 때문이지. 텔레비전에서 나오는 내용이 옳은지 그른지 생각해 봐야 하는데, 아무 생각 없이 텔레비전을 보는 사람들이 많잖아."

"저도 오랫동안 텔레비전을 보다 보면 시간이 어떻게 갔는지, 무슨 생각을 했는지 모를 때가 많아요."

"그렇단다. 텔레비전을 많이 보면 비판력과 사고력이 마비된다고들 하지. 그래서 '해럴드 이니스'라는 사람은 과학이 발전함에 따라 의사소통 수단도 발달하고, 의사소통 수단이 인간을 지배한다고 주장했어. 즉, 미디어가 발전하는 것을 부정적으로 본 것이지. 텔레비전이나 인터넷 등이 발달하면 할수록 사람들은 쉽게 정보를 얻을 수 있어. 그렇지만 쉽게 접할 수 있는 만큼 사람들에게 잘못된 정보를 널리 퍼뜨릴 수도 있단다. 그럼에도 맥루한은 여전히 미디어를 긍정적으로 보았고, 특히 텔레비전을 예찬하기도 했단다."

"맥루한이 텔레비전을 예찬한 이유는 뭐예요?"

"그걸 이해하기 위해서는 먼저 인류의 역사에 대해 알아야 한단다. 맥루한이 의사소통의 종류에 따라 인간의 역사를 4단계로 구분해 놓았거든. 엄마랑 인터넷으로 찾아볼까?"

나는 엄마와 함께 인터넷으로 자료를 찾아보았습니다. '야호(Ya

ho!!)'의 검색창에 '맥루한이 구분한 인간의 역사'를 입력했더니 다음과 같은 내용이 나왔습니다.

1. 구어 시대(Oral Age)

원시 부족 사회에서는 말을 통해 자신의 생각을 전달했는데, 이때 인간은 시각, 청각, 후각, 촉각, 미각의 오감을 모두 사용했다. 그중에서 가장 중요한 인간의 감각은 청각으로, 의사소통과 지식의 전달이 말로 이루어졌기 때문에 '귀의 시대'라고도 한다.

2. 문자(한자와 알파벳)가 발명된 이후의 시대(Literate Age)

문자를 사용하다 보니 글을 읽기 위한 눈이 중요해졌다. 따라서 감각이 청각에서 시각으로 넘어가고 있었으나 문자를 사용하는 사람은 소수에 불과했기 때문에 감각의 균형이 완전히 깨지지는 않았다.

3. 인쇄 시대(Gutenberg Age)

15세기에 구텐베르크가 활판 인쇄술을 발명한 이후 인간은 주로 시각에 의존하게 된다. 특히 책은 처음부터 한 장씩 넘겨가면서 읽어야 내용을 파악할 수 있기 때문에 인간은 더욱 시각에 집중하게 되었다.

구텐베르크의 인쇄술을 통해 알파벳이 전 세계로 보급되었고, 이와 더불어 기독교가 전파되었다. 또 책을 읽으면서 혼자 생각을 하다 보니 개인주의와 민족주의가 생겨나게 되었다.

4. 전기 · 전자 시대(Electric Age)

전신과 전기 기술이 지배하는 시대로 오늘날을 일컫는다. 전자 및 무선 통신 인터넷, 과학 기술의 발달로 세계는 하나로 이어졌고, 맥루한은 이것을 '지구촌(Global Age)'이라 불렀다. 맥루한의 예언대로 사람들은 인터넷을 통해 가상 공간에서 만나고 서로의 생각을 주고받게 되었다.

"우아! 미디어를 기준으로 하면 역사가 이렇게 구분될 수도 있네요. 맥루한이 마치 역사가인 것 같아요."

"맥루한의 이론은 전기 · 전자 시대와 관련이 많단다. '지구촌'이라는 말을 처음 사용했고, 인터넷으로 세상 사람들이 하나가 될 것이라는 예언을 했기 때문이지.

 맥루한은 원시 시대처럼 인간의 감각이 균형을 이루고 인류가 하나가 되는 것을 꿈꿨어. 즉, 인간이 시각, 청각, 후각, 촉각, 미각을 모두 사용하는 것을 균형 있는 거라고 생각했단다."

"아! 이제 맥루한이 텔레비전을 예찬한 이유를 알겠어요. 텔레비전을 보면 우리의 감각이 두루두루 사용되고 있잖아요."

"그래, 맞다. 텔레비전은 오감을 자극해서 온몸에 골고루 자극을 준단다. 오감을 골고루 사용하던 인류는 문자 시대와 인쇄 시대를 거치면서 시각에 집중하게 되었어. 하지만 텔레비전이 등장하면서 현대인들은 다시 오감을 사용하게 된 거지. 이런 점에서 맥루한은 텔레비전을 긍정적으로 보고, 인간이 미디어를 통해 시간과 공간을 넘어 원시 시대처럼 하나가 될 수 있다고 믿었어."

"그럼 매일 텔레비전을 봐야겠네요."

"호호호, 우현이처럼 생각하는 사람들이 많을까 봐 많은 이론가들이 맥루한을 비판하고 있지. 맥루한이 텔레비전을 너무 긍정적으로 봤다는 이유에서 말이야."

"하지만 '바보 상자'라고 하기엔 텔레비전이 우리에게 주는 좋은 영향도 많잖아요?"

"엄마도 그렇게 생각해. 그렇지만 맥루한 역시 텔레비전을 하루 종일 보라고 하지는 않았어. 오히려 인간의 지각 구조를 바꿀 정도로 강력한 미디어의 위력에 대해 경고를 하고 있지."

나도 텔레비전의 위력이라면 잘 알고 있습니다. 잘 알고 있는 정도가 아니라 직접 경험한 적도 한두 번이 아닙니다. 내가 월요일부터 토요일까지 학교와 학원에 다니다가 모처럼 일요일을 즐겁게 보내려고 하면 텔레비전이 어느새 나의 일요일을 빼앗아 버립니다. 일요일에 텔레비전 전원을 켜는 순간 텔레비전은 나를 꼼짝 못하게 하는 것이지요.

시험 때 텔레비전의 위력은 더 크게 발휘됩니다. 시험을 보고 집으로 돌아오면 침대보다 텔레비전의 유혹이 더 크게 느껴지거든요. 그 간질간질함을 참지 못하고 텔레비전의 전원 버튼을 누르면 텔레비전은 기다렸다는 듯이 나를 잡아끕니다.

"우리는 흔히 텔레비전에 유익한 내용을 담으면 인간에게 유익한 것이고, 폭력적인 내용을 담으면 사회에 해악이 되는 것이라고 말하지. 텔레비전 그 자체가 유익하거나 무익한 것은 아니기 때문에 텔레비전의 내용을 잘 규제하면 된다고 생각하고 있어. 그러나 맥루한은 내용이 문제라기보다는 텔레비전 그 자체가 문제라고

생각했단다. 내용이 어떻든 간에 텔레비전이라는 미디어의 특성
이 문제라는 거지. 결국 텔레비전 방송 시간을 규제한다거나 내용
을 규제한다는 것은 아무 의미가 없다는 게 맥루한의 생각이야.."

"그럼 텔레비전으로 인해 생기는 문제는 텔레비전이 없어지기
전에는 계속 생길 수밖에 없는 거네요. 그렇다고 모든 텔레비전을
다 없앨 수도 없잖아요. 텔레비전의 이러한 문제를 해결할 수 있
는 미디어는 없을까요? 엄마는 앞으로 어떤 미디어가 나올 거 같
으세요?"

"글쎄다. 우리의 몸을 생각하면 새로운 미디어를 떠올릴 수 있겠
지. 아마도 더 잘 볼 수 있고, 더 잘 들을 수 있고, 더 한층 몸으로
느낄 수 있는 것이 될 거야. 그리고 아빠에게만 한 비밀 이야기들
을 엄마도 알 수 있게 하는 미디어가 나오지 않을까?"

엄마는 이 말씀을 하시면서 안방으로 들어가셨습니다. 무슨 의
미일까요? 나는 한참을 고민했습니다. 그렇다면…… 뜨아! 아빠
가 비밀을 폭로해 버리신 걸까요? 이 일을 어떻게 하지요? 기억
을 지워 버리는 미디어는 어디 없을까요?

맥루한의 매체론

맥루한의 매체론은 '미디어는 메시지다'로 간단히 말할 수 있습니다. 우리가 음식을 먹을 때 똑같은 음식이라도 다른 그릇에 담겨 있으면 다르게 느껴지듯, 우리가 전달하고자 하는 내용도 그 형식이 편지냐, 메일이냐, 문자 메시지냐에 따라 달라질 수 있습니다. 지금까지는 매체가 전달하는 '내용'이 메시지라고 믿어 왔는데 '매체 자체가 메시지'라는 맥루한의 주장은 우리의 상식을 벗어나죠. 의사소통에 어떤 수단을 쓰느냐가 소통의 내용을 크게 좌우한다는 것입니다. 어떤 미디어를 거치느냐에 따라 말이 지닌 메시지는 제각각 달라지며 수용자가 세계를 인식하는 방식도 달라지는 것입니다. 그래서 메시지란 것은, 미디어를 통해 흘러나오는 '내용'이 아니라 바로 '미디어 그 자체'입니다. 미디어가 담고 있는 내용은 미디어에 종속된 것일 뿐입니다. 정치인의 연설을 현장에서 직접 듣는 것, 신문에 보도된 기사로 읽는 것, 그리고 텔레비전 뉴스로 보는 것 사이에는 분명한 차이가 있다는 것을 여러분도 느낄 겁니다. 휴대전화의 문자로 보면 더욱 다르겠죠? 즉 표현 내용이 표현 형식을 벗어나 따로 존재하지 않는다는 것을 나타냅니다.

그는 《미디어의 이해》에서 커뮤니케이션(communication)을 지배하는 미디어의 종류에 따라 인류의 역사를 4단계로 구분하였습니다.

첫 번째 단계는 말을 통해 의사소통을 하던 원시 부족 시대입니다. 이때 인간은 모든 감각을 사용할 수 있었죠.

두 번째 단계는 문자가 발명되면서 말보다 글을 읽기 위해 눈을 사용하는 소수의 사람이 생겨나던 때입니다. 따라서 듣는 것에서 보는 것으로 커뮤니케이션의 비중이 바뀔 때였습니다.

세 번째 단계는 손으로 쓰던 책(필사본)을 인쇄로 찍게 되면서 큰 변화를 맞은 시대인데요. 구텐베르크가 활판 인쇄술을 발명한 후 시각에 의존하는 사람이 생겨나면서, 개인주의와 민족주의도 발달하게 되었습니다.

네 번째 단계는 전기 매체의 시대로, 텔레비전과 라디오, 인터넷의 사용이 중요해진 시대입니다.

맥루한은 텔레비전이 가져온 큰 변화에 주목했습니다. 감각 비율의 변화에서 가장 중요한 것이 시각과 촉각이라면, 텔레비전은 바로 촉각을 되살리는 매체인 것이죠. 인쇄술이 발달하던 시절에는 시각성

과 함께 선형성(책을 처음부터 순서대로 읽어 나가는 것)이 요구되었다면, 전자 시대의 매체에서는 촉각성(tactility)이 강조되었답니다. 적절한 비율로 구성된 감각들이 적절히 상호 작용을 할 때, 텔레비전은 인간의 오감의 감각 균형을 회복시켜 줄 전자 미디어가 될 수 있습니다. 책이 지배하던 시대가 시각을 주로 사용했다면, 이제는 오감을 모두 사용하는 시대로 회귀한 것이죠. 맥루한은 인간이 모든 감각을 두루 사용했던 원시 시대로 되돌아가 인류가 하나로 통일될 수 있는 가능성을 낙관하며, 시간과 공간을 넘어 하나가 되는 세상을 '지구촌'이라 불렀답니다.

 인쇄술이 발달하면서 인간은 원시인들이 말을 통해 의사를 전달하던 생생함을 잃었다고 보는 맥루한은, 인쇄술에 의해 책이 대중화되면서 구어 문화에서 문자 문화로 변화된 현상을 인간의 감각 비중을 시각으로 획일화했다는 부정적인 영향으로 해석하였습니다. 그것에 맞서서 전자 미디어가 상실된 원시인의 생명력을 되살릴 수 있다는 기대를 갖게 되는 거죠.

4

뜨거운 미디어와
차가운 미디어

 모든 매체는 우리를 철저하게 주무른다.

– 마셜 맥루한

1 미디어는 마사지다

월요일 아침입니다. 우리 집은 아침마다 전쟁입니다. 아빠, 엄마
는 출근하시느라 바쁘시고요, 나는 학교 갈 준비로 정신이 없습니
다. 오늘 학교에 가면 은영이를 보게 될 것입니다. 얼마나 많이 화
가 났을까요? 설마 나를 모르는 척하지는 않겠지요? 나는 이런저
런 생각을 하면서 옷을 입고 있었습니다. 그런데 여기저기에서 나
를 찾는 목소리가 들립니다.

"우현아, 아빠 면도기 어디 있니?"

"아빠도 참, 그걸 제가 어떻게 알아요?"

"우현아, 엄마 머리 빗 좀 갖다 줄래?"

"네, 엄마. 잠깐만 기다려 주세요. 아빠 면도기 먼저 찾아드리고 갈게요."

이렇게 한바탕 전쟁을 치르고 나서 우리는 모두 같은 차를 타고 회사와 학교로 향합니다. 엄마가 가장 먼저 내리시기 때문에 우리는 늘 엄마의 회사까지 함께 갑니다.

"우리 우현이는 여자 친구 없니?"

차에 올라타자마자 뜬금없이 엄마가 묻습니다.

"여…… 여자 친구요?"

"그래, 요즘 애들은 유치원 다닐 때부터 여자 친구가 있다고 하더구나. 뭐 건전하게 교제를 한다면야 이성 친구가 있는 것도 괜찮지. 그런데 가끔 엄마를 속이고 여자 친구를 먼저 챙기려는 아들들이 있다고 하더라고. 하여튼 부부 간에 거짓말하는 거랑 부모 자식 간에 거짓말하는 건 나쁜 거야. 그렇지 않아요, 여보?"

엄마가 무언가 알고 하시는 말씀일까요? 어제 아빠가 잠깐 실수하신 걸 힌트 삼아 추측해 보셨을지도 모르는 일이지요. 아니면 예상대로 아빠가 비밀을 폭로하신 걸까요? 엄마의 질문에 아빠는

묵묵부답이십니다. 그러다가 갑자기 말씀을 돌리십니다.

"우현아, 어제 아빠가 이야기를 다 못한 것 같은데 맥루한 이야기는 다 끝났니?"

아유…… 역시 우리 아빠는 멋져요. 순간적으로 맥루한 이야기를 꺼내시는 이 센스!

"어제는 텔레비전을 보는 게 건강에 좋다는 이야기까지 했었어요."

"텔레비전을 보는 게 건강에 좋다고?"

"네, 텔레비전을 통해 오감이 자극되어 인간의 감각이 균형을 이룰 수 있다고 하셨어요."

"아아, 그 이야기를 했구나. 그러면 '미디어는 마사지다' 라는 얘기도 했니?"

"아니요, '미디어는 메시지다' 라는 얘기는 했는데…… '미디어는 마사지다' 라는 말도 있나요?"

"그래, 미디어를 이용하다 보면 우리의 감각이 자극을 받게 되는데, 미디어에 따라 동시에 자극받는 부분도 달라지게 된단다. 신문을 보면 눈이 자극을 받고, 라디오를 들으면 귀가 자극을 받고, 텔레비전을 보면 눈과 귀 동시에 자극을 받게 되는 거지. 그래서 미디어가 바뀌면 우리의 인식도 달라진다고 하는 거야."

"마사지는 엄마가 하시는 건 줄 알았는데 우리도 매일 하고 있었네요."

"하하하, 그런 셈이 되겠구나."

"아빠, 저는 특히 맛집을 소개하는 프로그램을 볼 때 그런 것 같아요. 음식을 눈으로 보면서 요리하는 과정을 귀로 들으면 음식 냄새가 나는 것 같기도 하고, 입에 침이 막 고이고…… 정말 텔레비전을 온몸으로 느낄 수가 있어요."

"그래서 맥루한은 의사소통에 어떤 수단을 쓰느냐에 따라 우리의 자극이 달라져서 의사소통의 내용 또한 크게 바뀔 수 있다고 주장했어. 같은 내용이라도 말소리로 듣느냐 글자로 보느냐에 따라 달라지는 것과 같은 이치지."

"네, 말로 들으면 말하고 듣는 순간에만 그 내용이 존재하고, 글자로 써 두면 그 내용이 항상 존재하니까요. 국어 시간에 선생님께서 직접 경험하신 사례를 자세히 설명해 주셨는데요, 국어 선생님은 그 일을 통해 어떻게 전달하느냐도 매우 중요하다는 것을 깨닫게 되셨대요."

"국어 선생님은 어떤 경험을 하셨는데?"

"선생님께서 여자 친구에게 '사랑해'라고 말을 했을 때는 '응,

나도'라고 하거나 '나도 사랑해'라는 대답이 왔대요. 그런데 우연히 한 학생에게 얻은 카드에다 '사랑해'라고 적어 주었더니 눈물을 글썽여서 깜짝 놀랐다고 하셨어요."

"그랬구나. 미디어에 따라 상대방이 받는 자극의 차이 때문이야. 의사소통의 내용 자체도 중요하겠지만 미디어가 달라지면서 그 소통의 내용도 다르게 느껴지는 것이지."

  나는 이제야 은영이가 왜 편지를 고집했는지 그 이유를 정확히 알 수 있었습니다. 단순히 편리함과 불편함의 문제가 아니었습니다. 같은 말이라도 말로 듣는 것, 문자 메시지로 보는 것, 편지나 카드로 읽는 것이 다 다르다는 말을 충분히 공감할 수 있게 되었습니다. 내용도 중요하지만 그 내용이 담긴 형식, 즉 전달 매체인 미디어의 특성이 각기 다르기 때문에 우리가 느끼는 자극도 다르다는 것을……. 진작 이것을 알았더라면 나에게도 외할머니가 애지중지하시던 보물 상자 하나를 만들었을 텐데 하는 생각에 가슴이 아팠습니다.

2 뜨거운 미디어와 차가운 미디어

"이해완! 같이 가!"

학교 교문에 들어서는데 해완이가 몇 발자국 앞서 가는 것이 보였습니다. 그래서 얼른 해완이를 불렀습니다.

"어, 우현아. 너 어떻게 된 거야?"

"응? 뭐가? 내 얼굴에 뭐라도 묻었어? 에…… 또 형님의 잘생긴 얼굴에 아침부터 반한 거야? 그런 거야?"

"아니, 그게 아니라 어제 우리 부모님이랑 외식했거든. 근데 그

음식점에 너희 부모님이랑 다른 어른들이 같이 계시더라고. 그래서 얼른 인사를 했더니 너희 엄마가 나한테 생일 축하한다고 하시는 거야. 재미있게 잘 놀았냐고……."

"응? 그래서 뭐라고 했어?"

나는 깜짝 놀란 나머지 다급하게 물었습니다. 해완이의 대답 하나에 천국과 지옥이 결정되는 순간입니다.

"뭐라고 하긴…… 당연히 내 생일은 벌써 석 달 전에 지났다고 말씀드렸지."

갑자기 마른하늘에서 날벼락이 떨어지는 것만 같았습니다. 석. 달. 전. 이 세 글자가 어찌나 야속한지 모르겠습니다. 나는 거의 울상이 되었습니다.

"배우현! 너 얼굴이 왜 그래? 내가 뭐 실수한 거야?"

"아니야……."

'설상가상'이고, '엎친 데 덮친 격'이라더니. 나를 두고 하는 말 같습니다. 은영이와 싸우고, 엄마께 거짓말하고, 결국은 들키고야 말았습니다. 그래서 엄마가 거짓말하는 아들 이야기를 하셨구나. 잠깐! 그런데 여자 친구에 대해서도 말씀하신 거 같은데……. 내가 거짓말한 것을 엄마가 아셨다고 해도 여자 친구가 있다는 건

아실 수가 없을 것입니다.

"왜? 무슨 일인데?"

"에이, 아무것도 아니야. 빨리 들어가자."

　나는 빨리 들어가자는 말과 달리 발걸음이 엄청 무거웠습니다. 이번 주 동안 내 자리로 정해진 책상에 책가방을 내려놓으려는데 책상 위에 편지 한 장이 있었습니다. 무엇일까요? 잘못 온 편지가 아닐까요? 일단 자리에 앉아 편지 봉투를 뜯어 보았습니다. 나한테 온 것이 맞을까? 이 야릇한 기분이 썩 나쁘지만은 않았습니다. 오랜만에 받아 보는 손 편지…… 이 따뜻한 기분! 이것이 미디어의 차이에서 오는 감동인가 봅니다.

　봉투를 뜯고 편지지를 꺼내려는 순간 우리 반의 게임 대장 정수가 게임기를 내밀었습니다. 정수는 게임을 잘해서 게임 대장이 아니라 게임기를 많이 가지고 있어서 붙여진 별명입니다. 나는 정수 덕분에 새로운 게임을 할 수 있어서 좋았습니다.

"우현아, 이거 어제 산 게임기인데 네가 한번 해 봐. 나는 아무리 해도 잘 안 돼."

새 | 116.8 x 91.0 cm | Oil on Canvas

"그래, 그럼 실력 발휘 좀 한번 해 볼까?"

나는 편지를 서랍 속에 넣어 두고 게임을 시작했습니다. 반 아이들이 왁자지껄 내 주변으로 몰려들었습니다. 담임선생님께서 들어오실 때까지 우리 반은 정수의 새 게임기 때문에 정신이 없었습니다.

담임선생님께서 들어오시면 우리들은 일사천리로 책상과 책가방을 정리합니다. 정리가 끝나면 바로 오전 독서 시간이 시작되기 때문입니다. 나는 아빠가 빌려 준《맥루한과 미디어》라는 책을 펼쳐 보았습니다.

미디어에는 차가운 미디어와 뜨거운 미디어가 있다. 뜨거운 미디어는 고밀도로 만들어져서 자료가 충분히 충족되어 있는 것을 의미한다. 예를 들어 사진과 만화 중에서는 사진이 뜨거운 미디어에 속한다. 사진은 우리에게 많은 시각적 정보를 제공하기 때문이다. 이 밖에도 뜨거운 미디어에는 책, 신문 등이 포함된다.

만화도 책으로 되어 있긴 하지만 만화책에 있는 그림은 사진에 비해 정보가 적기 때문에 차가운 미디어에 속한다. 우리는 만화를 보면서 만화책에 나와 있지 않은 부분을 추리하고 상상하는 능력이 필요하다. 그러한 맥락에서 보면 그림도 차가운 미디어에 속한다고 할 수 있다.

뜨거운 미디어와 차가운 미디어를 나누는 또 다른 기준은 참여도이다. 뜨거운 미디어는 대중의 참여도가 낮고, 차가운 미디어는 대중의 참여도가 높다. 예를 들어 책은 뜨거운 미디어이고, 회화는 차가운 미디어이다. 책은 그 내용을 읽고 혼자 이해하면 되지만 회화는 작가의 의도와 시대적 배경 등을 종합하여 작품의 의미를 파악하고 상상해 보아야 하기 때문이다.

아~ 미디어를 뜨거운 것과 차가운 것으로 나누기도 하는군요. 그런데 우리가 평소에 쓰는 '뜨겁다'와 '차갑다'의 의미는 아니네요. 미디어 중 사용할 때 열이 발생해서 뜨거워지는 것을 뜨거운 미디어라고 하는 줄 알았는데…….

그렇다면 아까 정수가 빌려 준 게임기는 뜨거운 미디어일까요, 차가운 미디어일까요? 참여도 면에서 보면 게임기는 차가운 미디어에 속할 것 같습니다. 우리가 직접 눈으로 보고 귀로 들으면서 게임을 해야 하는 거니까 우리의 참여도가 높아지겠지요. 그럼 휴대전화는? 휴대전화도 역시 차가운 미디어일 것 같습니다. 게임기처럼 사람들의 참여가 많이 필요하기 때문입니다. 라디오는 어떨까요? 라디오는 뜨거운 미디어라고 자신 있게 말할 수 있습니다. 왜냐하면 라디오는 듣기만 하면 되니까요. 그렇다면 텔레비전은? 오옹? 텔레비전은 조금 어렵습니다. 일단 텔레비전은 사진이나 영화처럼 고밀도의 영상을 보여 주지 못하고, 화질이 좋지 못하니까 차가운 미디어겠죠? 우리가 자주 사용하는 컴퓨터는 어디에 속할까요? 컴퓨터로는 메일도 보내고, 동영상도 보고, 음악도 듣고…… 이렇듯 컴퓨터는 여러 가지로 활용 가능하니까 차가운 미디어에 해당될 것 같습니다. 아니다. 컴퓨터에는 자료가 엄청나게 많이 충족되어 있으니까 뜨거운 미디어에 속할 것도 같습니다. 이렇게 책에서 읽은 내용을 요목조목 따져 보니까 괜히 내가 대단한 사람 같고, 똑똑해지는 것 같아서 기분이 이상했습니다.

"배우현!"

"……."

"배우현! 얘가 오늘은 참 이상하네."

고개를 들어 보니 독서 시간이 끝나고 쉬는 시간이었습니다.

"어? 해완아, 벌써 독서 시간이 끝났네."

"뭘 그리 생각하느라고 쉬는 시간이 된 것도 모르냐?"

"해완아! 이러다가 나 너무 똑똑해지면 어떡하지?"

"왜 또 자다가 봉창 두드리는 소리야?"

"내가 머릿속으로 자습을 했는데 나는 아무래도 천재 같다는 생각이 든다."

"천재고, 만재고 간에 너 은영이랑 싸웠냐? 만날 붙어 다니며 알콩달콩하시더니 오늘은 왜 이렇게 냉전이야?"

"그게 말이다……."

나는 해완이에게 아빠께 말씀드렸던 이야기를 거의 그대로 해 주었습니다.

"이그, 너가 아빠를 너무 믿었네."

"응?"

"더 들을 것도 없이 딱 상황을 보니 너희 아빠께서 이미 엄마께 말씀을 드린 거네 뭐."

"우리 아빠가? 에이, 그럴 리 없어. 지난 일요일에 사나이 대 사나이로 약속까지 했는걸. 게다가 문제를 말끔하게 해결해 주신다고 그러셨어."

"순진한 녀석, 아빠들은 모두 엄마한테 꿈쩍 못하게 되어 있어.

그리고 나 때문에 거짓말인 거 이미 탄로 났잖아. 너희 아빠께서
에라 모르겠다 하고 다 말해 버리셨는지도 모르지."

　"정말 그럴까? 나도 그렇게 생각하고는 있었지만……."

3 미디어는 뜨겁게, 사람은 차갑게

"아빠, 아빠!"

나는 학원을 마치고 집에 들어가자마자 아빠를 불렀습니다. 아빠는 소파에 앉아서 텔레비전을 보고 계셨습니다.

"아빠, 어떻게 그러실 수가 있어요? 아빠는 정말 사나이도 아니에요!"

"아빠가 뭘?"

아빠는 세상에서 가장 순진한 표정을 지으시며 나에게 되물으셨습니다.

"아빠가 엄마한테 다 말씀하셨지요?"

"응, 그랬다."

"어떻게 그러실 수가 있어요? 나는 아빠한테만 몰래 말씀드린 건데……."

나는 너무 억울해서 눈물이 다 찔끔 나오려고 했습니다. 그때 어디선가 익숙한 목소리가 들려왔습니다.

"우현아."

이건 누구 목소리지? 어디에서 많이 듣던 목소리 같은데…… 우리 엄마 목소리는 이렇지 않은데…… 나는 우선 소리가 나는 쪽으로 고개를 돌렸습니다. 그런데…… 뜨아! 거기에 은영이가 서 있는 게 아니겠어요? 나는 눈을 비비고 은영이를 다시 봤습니다.

"너가 어떻게……."

"거 봐라. 아빠가 해결해 준다고 했잖아. 얘는 아빠를 못 믿고 그래. 하하하!"

"이제 오는 거야? 너 기다리는 동안 네 방 구경하고 있었어."

"내 방? 안 되는데…… 그럼 은영아 너…… 그것도 봤어?"

"응, 진작에 그럴 것이지."

실은 어젯밤 내내 은영이에게 줄 편지를 쓰다가 책상 위에 그냥 두고 학교에 갔었습니다. 그걸 은영이가 본 모양입니다. 은영이의 얼굴에 미소가 가득합니다. 편지에는 내가 맥루한을 알게 되면서 느끼게 된 것들, 외할머니 전화를 받고 난 후에 손으로 쓰는 편지가 얼마나 마음을 따뜻하게 하는지 알게 되었다는 이야기, 그리고…… 보고 싶다는 말들이 구구절절 쓰여 있거든요. 나는 조금 부끄러웠습니다.

"그러는 너는 내 편지 읽었어?"

"편지?"

"응, 내가 네 책상 위에 올려 두었는데……."

아뿔싸! 정수가 게임기를 내미는 바람에 나는 그 편지를 읽지도 않고 그냥 서랍 안에 넣어 두었습니다. 이걸 어쩌면 좋지요? 또 거짓말을…….

"그럼, 읽었지. 읽었고 말고. 나 엄청 감동받았어. 정말 고마워, 은영아!"

"감동까지는 뭐. 그냥 뜨거운 미디어가 차가운 미디어로 변할 수 있다고 한 말에 다시 한번 생각해 본 건데 뭐."

역시 그랬습니다. 은영이도 맥루한을 알고 있었던 것입니다.

"너도 맥루한을 알아?"

"응, 내가 편지에 썼잖아. 너희 아빠가 나한테 메일을 보내서 이런 이야기들을 해 주셨다고 말이야. 그때 알았지. 꼭 손 편지가 아니더라도 마음이 전해질 수 있는 거라고."

"그런데 뜨거운 미디어가 차가운 미디어로도 변할 수 있다고? 우리 아빠가 그러셨어?"

"응. 그렇죠, 아저씨?"

"그래, 저 텔레비전을 봐라. 요즘에 나오는 텔레비전은 고화질 텔레비전이라고 해서 영화 못지않게 화질이 좋아졌지? 또 브라운관이 평면화되어서 일부분이 일그러지는 현상도 거의 없어졌고 말이다. 이렇게 텔레비전의 화질이 좋아지면 텔레비전은 차가운 미디어가 아니라 뜨거운 미디어가 되는 거란다."

"결국 과학 기술이 발전하면 차가운 미디어가 뜨거운 미디어로 변하게 된다는 말이네요."

"그렇지, 하지만 맥루한은 반대로 뜨거운 미디어가 차가운 미디어로도 변할 수 있다고 주장했어. 예를 들어 라디오는 뜨거운 미디어에 해당되지만 요즘은 청취자의 전화를 받거나 인터넷 게시판, 문자메시지에 적힌 내용을 소개해 주기도 하지. 이런 참여가 많아지면 라디오는 차가운 미디어가 될 수도 있어. 물론 맥루한의 주장은 미디어가 결합하여 뜨거운 미디어로 진행된다는 데에 더 초점이 맞춰져 있단다. 그러면 우리들은 미디어를 통해 더 자세한 정보를 아주 충분히 얻을 수 있게 되겠지. 또 적극적으로 참여할 필요 없이 미디어가 주는 정보를 편하게 이용하면 되는 거야. 때문에 앞으로 미디어가 발달하면 할수록 인간은 점점 더 수동적으로 변하게 될 거다."

"그렇게 되면 지구에는 비만 인구가 점점 더 늘어나겠네요. 지금도 사람들이 편리한 것을 너무 좋아해서 나날이 뚱뚱해지고 있잖아요."

역시 우리 은영이는 예쁜데다가 똑똑하기까지 합니다. 나도 질세라 한마디 거들었습니다.

"또 너무 미디어에 의존하게 되지는 않을까 걱정이에요. 지금도 우리들을 빠져들게 만드는 미디어가 엄청나게 많잖아요. 저는 텔레비전 때문에 시험을 망친 적도 많이 있어요."

"그렇지만 과학 기술이 발전하는 한 앞으로도 미디어는 계속 만들어질 것이고, 그 미디어는 뜨거운 미디어일 확률이 높을 거야. 우리들은 새로운 미디어 덕분에 더욱더 편리한 생활을 할 수 있겠지. 우리가 아무리 그 흐름을 막으려 해도 미디어는 점점 더 뜨겁게 변하고 사람들은 점점 차갑게 변할 거다."

어찌 됐든 오늘도 나는 맥루한에 대해 많은 공부를 하게 되었습니다. 더 즐거운 일은 나와 은영이가 예전처럼 다시 가까워졌다는 것입니다.

"자, 저녁 먹자. 은영이는 부모님께 말씀드리고 왔지?"

"네."

"우리 거짓말쟁이 아들도 얼른 손 씻고 와야지?"

나는 부끄러워서 고개를 들 수가 없었습니다. 하지만 여느 때보다도 기쁜 저녁 식사 시간입니다. 한자리에 모인 아빠, 엄마, 나, 은영이…… 나는 나중에 은영이가 내 색시가 되어 매일 이렇게 같이 밥을 먹었으면 참 좋겠다고 생각했습니다. 그렇게 되면 매일 손 편지를 써 줄 수도 있을 것 같습니다. 이런 생각을 하고 있는데 은영이가 갑자기 귓속말을 합니다.

"너 정말 내 편지 읽었어?"

"어…… 그러엄!"

핫미디어와 쿨미디어

미디어가 인간 몸의 감각 기능을 응용해서 만들어졌다면, 미디어가 인간의 감각에 미칠 영향도 크다고 할 수 있습니다. 맥루한은 뜨거운 미디어와 차가운 미디어, 즉 핫미디어와 쿨미디어로 미디어를 나누었는데요, 이것은 단순히 정보량이 많고 적음에 따라 유형을 구분하는 것이 아니라, 정보에 관여하는 인간의 태도와 방식의 차이에 의해 구분된답니다.

뜨거운 매체가 이미 주어진 정보를 수동적으로 받아들이게 만드는 일방적인 구조를 가지고 있다면, 차가운 매체는 수용자 자신이 능동적으로 정보의 전달에 개입할 수 있는 구조를 가지고 있습니다.

뜨거운 매체로는 책, 신문, 사진과 같은 인쇄물과 연설, 라디오, 영화 등이 있고, 차가운 매체로는 전화, 텔레비전, 만화 등이 있습니다. 뜨거운 미디어는 단일한 감각을 고밀도(High Definition)로 확장시키는 미디어입니다. 고밀도란 데이터로 가득 찬 상태인데, 예를 들어 시각적인 측면에서 사진은 감각적 밀도가 높은 고밀도의 매체이고 만화는 저밀도의 매체입니다.

뜨거운 매체는 이용자가 채워 넣거나 완성할 것이 없어 참여도가 낮은 거죠. 라디오 같은 경우에도 정보가 많아 경험을 시각화하기가 쉽습니다. 하지만 차가운 미디어인 전화는 이용자의 적극적인 참여가 이루어져야 청각적인 데이터가 형성될 수 있는 것이겠죠?

뜨거운 미디어는 정보에 충실하기 때문에 인간을 수동적으로 만들고, 차가운 미디어는 인간을 능동적으로 만듭니다. 즉, 차가운 미디어는 정보에 충실하지 않기 때문에 수용자가 능동적으로 참여할 여지가 많은 반면 뜨거운 미디어는 정보에 충실하기 때문에 수용하는 사람이 능동적으로 참여할 여지가 적은 것이죠. 무엇이 좋고, 무엇이 나쁘다고 할 수는 없습니다. 다만 차가운 미디어는 인간의 능동성을 끄집어 내고 오감을 활용한다는 점에서 긍정적인 측면이 있는 거죠.

맥루한은 핫미디어와 쿨미디어의 구분이 상대적이라 주장하며, 전기 시대가 발전함에 따라 점차 핫미디어에서 쿨미디어로 변모할 것이라 예언했습니다.

맥루한은 또 오감 중 시각과 촉각을 가장 중요하게 생각했는데, 책 등의 인쇄물 미디어로 인해 시각만 발달하고 촉각이 사용되지 않는 것을 문제점으로 지적하였습니다. 맥루한에 따르면 촉각이나 접촉이라는 말은 피부의 문제가 아니라 여러 감각의 상호 작용, 즉 여러 감각들의 마주침입니다. 촉각적이라 함은 여러 감각이 동원되어 대상에 접촉하는 것을 의미합니다. 뜨거운 미디어든 차가운 미디어든 상관없이 미디어를 통해 촉각적으로 대하고 인지하는 것이 중요합니다. 오랫동안 한 가지 감각의 지배가 계속된다면 결코 바람직하지 못한 결과를 불러올 것입니다.

에필로그

　나는 아빠와 〈2050〉이라는 영화를 보았습니다. 〈2050〉은 블랙버스터 영화의 거장이 만든 재난 영화입니다.

　2050년 지구는 환경오염으로 인해 사막화와 기상 이변에 시달리고, 남극의 빙하가 급속도로 녹아내리는 위기에 처하게 됩니다. 세계 모든 나라들은 지구가 온통 물바다가 되는 것을 막기 위해 온 힘을 기울이지만 결국 최후의 수단인 '노아의 방주'를 선택하고, 각 나라의 대표가 될 만한 사람들을 뽑아 우주로 보냅니다.

　마지막 장면에서 주인공이 '노아의 방주'에 탑승한 대표자와 교신을 마치고 지구의 종말을 맞이했을 때에는 코끝이 찡해지기도 했습니다.

　영화는 굉장히 재미있었습니다. 지구의 현실적인 문제를 다루고 있어서 관심 있게 보게 되었고, 이야기의 전개 속도도 빨라 긴장감을 늦출 수 없었기 때문입니다.

　하지만 한창 영화에 빠져들었다가도 미디어와 관련된 것들이 나오면 자꾸 그쪽으로 초점이 맞춰졌습니다. 아마 요즘에 맥루한에 대해 너무 많이 듣고 공부를 해서 그런가 봅니다.

"오랜만에 재밌는 영화 잘 봤다. 근데 무슨 사람이 이렇게 많아?"
영화를 보러 들어갈 때는 잘 몰랐는데 극장 안에 사람이 엄청나게 많이 있었던 모양입니다. 영화를 보고 나오는 사람들로 극장 안이 아주 혼잡했습니다. 영화표를 끊기 위해 기다리는 사람들, 팝콘이나 음료수를 사려는 사람들로 붐볐습니다.

영화관을 빠져 나오면서 아빠가 말씀하셨습니다. 예전에는 영화를 보는 것이 일상을 벗어나 즐기는 여가 생활 정도였지만, 요즘은 밥 먹고 잠자는 것처럼 일상생활이 되었다고 말입니다.

아빠 어렸을 때에는 학교에서 만화 영화를 단체 관람하는 행사가 있었다고 합니다. 그날이 되면 영화를 볼 차례가 된 반의 모든 학생들은 쉴 새 없이 재잘거리며 영화관으로 향했고, 다음 차례를 기다리는 반의 학생들은 영화 관람하는 날이 돌아오기를 생일보다 더 애타게 기다렸다고 합니다.

지금은 영화를 제작하는 기술도 발전하고 영화관도 흔해져서 할 일이 없거나 심심할 때 언제든지 영화를 볼 수 있고, 친구를 만나 영화관으로 놀러갈 수도 있게 되었습니다.

"자, 이걸로 알아맞히기 게임에서 이긴 상은 끝난 거다."

"에이, 이런 게 어딨어요? 내가 상으로 무얼 받아야 할지 얼마나 고심했는데…… 안 돼요. 이건 무효예요."

"재미있게 봐 놓고 딴소리하기는. 그러지 말고 저쪽에 있는 서점에나 잠깐 들를까?"

아빠는 얼른 서점 쪽으로 발길을 돌리셨습니다. 나도 어쩔 수 없이 아빠의 뒤를 따랐습니다.

아빠와 나는 영화관 밑에 있는 서점으로 향했습니다. 서점 한쪽에는 문구와 아이디어 상품을 파는 코너가 있었는데 신기한 것들이 많아 전에도 가끔 구경을 오곤 했습니다.

오늘은 문구 코너 쪽에 있는 편지지와 카드를 구경했습니다. 편지지는 참으로 다양했습니다. 캐릭터가 그려진 것도 있었고, 좋은 시 구절이 담겨 있는 것도 있었습니다. 나는 재미있는 글이 적힌 신문 형식의 편지지를 골랐습니다. 은영이의 마음을 상하게 한 일을 반성하며 내 마음을 다시 한 번 전해 줄 생각입니다.

또 외가에 보낼 카드도 샀습니다. 카드 앞면에는 한복을 곱게 차려입은 남자 아이가 저 멀리 보이는 마을로 연을 띄워 보내고 있었습니다. 그 아이처럼 나도 여러 가지 소식을 담아 외할머니, 외할아버지께 띄워 보낼 생각입니다.

나는 은영이에게 문자 메시지를 보냈습니다. 생일 때 전해 주지 못한 선물을 이제는 흔쾌히 받아 주겠지요?

은영아,
마음을 담은 선물이 무엇인지를
이제는 알았어.
전해 줄 것이 있는데…….
우리 데이트나 한판 할까?

○/○ △:27pm
멋진 우현이
123-4567-8910

통합형 논술
활용노트

01 맥루한이 생각하는 미디어에는 어떤 종류가 있나요? 그리고 여러분이 가장 많이 사용하는 미디어는 무엇인지 생각해 보세요.

02 맥루한이 말한 '미디어는 메시지다' 란 무슨 뜻일까요?

03 미디어는 어떻게 만들어질까요? 여러분 자신이 미디어를 만든다면
어떤 것을 생각할 수 있을까요?

04 텔레비전을 보는 것의 장점과 단점을 적어 봅시다.

05 뜨거운 미디어와 차가운 미디어의 예를 들어 자세히 설명해 보세요.

06 미디어는 역사를 통해 어떻게 발전해 왔을까요? 원시인과 우리의
차이점은 무엇일까요?

통합형 논술
문제풀이

01 미디어는 좁은 의미에서는 신문이나 텔레비전이 되겠지만 넓게 보면 우리 주변에 미디어가 아닌 것이 없습니다. 맥루한의 주장에 따르면 인간이 기술을 통해 만든 모든 것이 바로 미디어가 됩니다. 타고 다니는 차, 어둠을 밝히는 전등, 컴퓨터, 휴대전화, 카메라 등 일상생활은 수많은 미디어로 가득합니다. 오히려 미디어가 아닌 것을 찾는 것이 더 어려울 정도입니다. 맥루한은 미디어란 언론 매체만을 의미하는 것이 아니라 옷과 아파트, 도시, 사진, 전화, 무기, 돈 등 인간이 사용하는 모든 도구와 기술이 미디어에 속한다고 주장합니다. 이 책 속에서 우현이가 가장 많이 사용하는 미디어는 휴대전화입니다. 여러분은 어떤 미디어를 가장 많이 사용하는지 잘 생각해 보세요.

02 맥루한은 '미디어는 메시지다' 라는 주장을 통해, 전달하고자 하는 내용보다 그것의 전달 방법인 매체의 중요성을 강조하고 있습니다. 많은 사람들이 형식과 내용을 구분한 후, 내용이 더 중요하다고 보았지만, 맥루한은 형식 자체가 결정적이라고 본 것입니다.

친구에게 하고 싶은 말을 직접 말로 하는 경우와 편지로 전달하는 경우, 전화로 하는 경우, 메일이나 휴대전화 메시지로 하는 경우에 따라 읽는 사람은 다른 느낌을 가지게 됩니다.

미디어가 형식이고, 메시지는 내용을 일컫는다면 형식 없는 내용이 존재할 수 없다는 의미에서 미디어는 메시지입니다. 동일한 내용의 것이라도, 편지라는 매체 형식을 빌리느냐, 아니면 전화라는 매체 형식을 빌리느냐에 따라, 의사소통 체계가 달라집니다. 즉 귀로 듣던 것을 눈으로 보게 되고, 모니터와 휴대전화로 보게 되면 차이가 있을 수밖에 없다는 것입니다.

맥루한은 미디어의 내용이 그것을 전달하는 미디어의 기술과 분리해서 생각할 수 없다고 보고, 모든 미디어들이 그 자체로서 우리의 인식 방식에 영향을 준다고 주장합니다.

03 맥루한의 주장에 따르면 미디어는 '인간의 몸의 확장'이라고 합니다. 갈릴레오가 하늘의 별을 관측했던 망원경도 눈의 기능을 확대한 것이라 할 수 있습니다. 망원경이 없었다면 눈으로 별의 크기를 정확히 알 수 있는 방법이 없었을 것입니다.

현미경도 눈의 기능을 확대한 것이라고 할 수 있습니다. 눈으로 볼 수 없는 작은 세계도 현미경을 들이대면 큰 우주로 바뀝니다. 이 모든 것이 인간의 감각을 확대해서 만들어진 것입니다. 우리 또한 기술 문명의 발달과 함께 앞으로 많은 미디어들을 발명할 수 있을 것입니다.

04 책을 읽을 경우 스스로 자료를 받아들여 저장하고 기억하지만 텔레비전은 이미지와 소리만 있기 때문에 사고 능력을 떨어뜨린다는 점에 유의할 필요가 있습니다. 그러나 책을 읽는 것보다 텔레비전이 더 재미있는 이유는 무엇일까요?

맥루한은 전자 시대의 매체로서 텔레비전의 장점을 촉각성에서 찾습니다. 촉각성은 피부로 느끼는 감각을 말합니다. 책만 보면 눈에만 집중되면서 다른 감각들이 퇴화하게 되는데, 텔레비전은 적절한 비율로 구성된 감각들을 효율적으로 상호 작용시켜 인간의 오감의 감각균형을 회복시켜 줄 전자 미디어라는 것입니다.

전자 오락이 손과 발을 움직여 재미를 더하는 쪽으로 발전하는 것을 보면 맥루한의 주장이 맞는 것 같습니다. 새로운 미디어가 나올 때마다 인간 감각의 배분 비율이 바뀌게 되는데, 이제 눈으로 책을 보던 시대에서 몸으로 느끼는 텔레비전의 시대, 컴퓨터의 시대로 넘어갔습니다.

05 맥루한은 미디어를 크게 뜨거운 미디어와 차가운 미디어로 구분했습니다. 그 기준은 밀도의 차이와 그것에 따른 이용자의 태도 차이입니다.

뜨거운 매체의 특징인 고밀도라는 것은 내용이 꽉 찼다는 것으로 그만큼 이용자는 수동적이 됩니다. 반대로 차가운 매체는 고밀도가 아니라서, 그 부족함을 이용자가 채워야 하므로 적극적이 됩니다.

사진은 고해상도의 화질로 되어 있어 보기만 해도 감동이 옵니다. 그러나 만화는 내용을 보면서 상상력으로 메워야 하는 측면이 있습니다.

라디오와 영화처럼 뜨거운 미디어가 한 가지 감각에만 의존하고 집중하여 청취자나 관객의 참여도를 떨어뜨린다면, 텔레비전이나 전화처럼 차가운 미디어는 여러 감각을 활용하여 상대방으로 하여금 참여도를 높일 수 있게 하는 성격을 지닙니다. 그리고 맥루한은 '뜨거운'과 '차가운'의 개념을 문명을 분석하는 기준으로도 삼았습니다. 예를 들어, 후진국은 차갑고 선진국은 뜨거우며, 시골 사람들은 차갑고 도시 멋쟁이는 뜨겁다는 식입니다. 또 고대의 구어 문화는 차갑고, 역사 시대의 문자 문화는 뜨겁습니다.

이렇게 보면, 인류의 고도 문명은 뜨거운 미디어가 지배하는 뜨거운 문화로 역사가 진행되어 왔으며, 그에 따라 수용자에게 참여 기회가 적어졌다고 볼 수 있습니다.

06 맥루한은 역사의 발전을 모두 네 단계로 구분하고 있습니다. 맥루한에 의하면 문자가 발명되기 전의 인간은 말로만 의사소통을 했기 때문에 시각, 청각, 후각, 촉각 등 오감을 동시에 사용하는 복수 감각형 인간이었습니다.

그러나 표음문자가 발명되고 문자를 읽고 쓰는 능력이 강조되면서 인간은 시각 중심형으로 변화하였습니다. 말을 통해 대화를 하는 것이 생명감이 있었다면, 읽고 쓰는 능력이 강조되면서 인간은 개인주의화 되었다고 볼 수 있습니다.

인쇄술이 발명되어 서적이 대량으로 보급되면서 인간은 시각에 더욱 의존하게 되었고, 책의 목차와 글의 순서에 따라 순서대로 생각하는 문화가 탄생하였습니다.

마지막인 전기 · 전자 시대(Electric

Age)에는 미디어를 통해 다양한 감각을 사용할 수 있게 되어 우리는 원시인들과 같은 단계로 되돌아간다고 생각했습니다.

말로만 소통하던 시절에는 서로 이해하려고 오감을 다 사용했지만, 문자를 담은 책이 대중화되면서 시각을 주로 사용하며 혼자 독서를 하는 생활이 지배하게 되었다는 것입니다. 이제 텔레비전이나 인터넷 등을 통해 인간은 시각 중심적, 단선적, 연속적인 인쇄매체의 패러다임으로부터 벗어나게 됩니다.